진흙에서 피는 연꽃

이재명 리더십

박정태·유한준 공저

First Korea!
역경을 이겨낸 지도자

머리말

도전의 리더십을 배워 봅시다

"대한민국은 민주공화국이다"라고 외치는 이재명(李在明) 그는 어떤 사람일까요? 여당인 더불어민주당 제20대 대통령 후보로 선출된 정치인입니다.

화전민 마을인 경북 안동군 예안면 도촌리에서 초등학교를 마치고 경기도 성남시로 올라와 소년공 노동자 생활을 하면서 중·고교 과정을 검정고시로 2년 만에 통과한 뒤 장학생으로 대학을 다니고 변호사가 되었습니다.

인권변호사 겸 사회운동가로 활동하다가 정치무대로 들어선 사람, 정계에 입문한 뒤 제19·20대 성남시장을 거쳐 제35대 경기도지사로 있으면서 한국의 열세 번째 대통령이 되겠다며 대선판으로 뛰어들어 여당 대표, 국무총리, 장관을 지낸 쟁쟁한 경쟁자들을 따돌리고 대통령 꿈에 한 발 가까이 다가섰습니다.

주민등록에는 1963년 12월 22일생으로 올랐지만, 그날이 정말 태어난 생일인지는 본인 자신도 모르는 사람, 초등학교 입학을 앞두고 어머니가 점쟁이에게 물어보고 음력 10월 23일, 양력 12월 22일에 태어난 것 같다 하여 이날을 출생일로 삼았다고 합니다.

버스도 들어오지 않던 안동 지통마을에서 아버지 이경희와 어머니 구호명의 5남 4녀 가운데 일곱째로 태어났지만, 누나 둘이 일찍 세상을 떠나 다섯째로 자랐습니다.

이 마을은 경북 영양군 청기면, 봉화군 재산면, 안동군 예안면이 서로 만나는 청량산 자락, 깊은 산골의 화전민 마을이었습니다.

나이가 어려서 공장 노동자로 들어갈 수 없을 때 나이를 늘리고 다른 사람 이름으로 공장생활을 한 그는 야구 글러브를 만드는 공장에서 일하다가 왼쪽 팔뚝을 다쳐 산업재해 6등급을 받고 군대 징집 면제를 받았습니다.

소년공 시절에 약을 먹고 두 차례 자살을 시도했지만 죽지 못하고 "죽을힘으로 살자"며 마음을 다져먹고 주경야독으로 공부하여 사법시험에 합격하고, 정치인으로서의 성공 신화를 엮어가고 있습니다.

현실 정치를 바로 보고 직언을 거침없이 퍼부어 '사이다'라는 말을 들은 그는 "이재명은 합니다"라는 슬로건으로 도전하며 개혁의 기수를 자청하고 있습니다. 대한민국을 개혁하겠다는 사람, 여당의 대통령 후보로 뛰고 있는 이재명의 인생역전 스토리를 거울삼아 큰 꿈을 키워가기 바랍니다.

박 정 태 · 유 한 준

목차

VI. 개혁의 리더 ···································· 202

이재명 Lee Jae myeong

더불어민주당 제20대 대통령 선거 후보

○ 。

⁓⁓⁓⁓⁓⁓

I

도전의 길

01 도전의 길

화전민 마을에서 출생

이재명(李在明)은 더불어민주당 제20대 대통령 후보로 선출된 정치인이다. 초등학교 출신의 소년공 노동자 생활을 하면서 중·고교 과정을 검정고시로 2년 만에 통과하고 법과대학을 다닌 뒤에 변호사가 되었다. 정계 입문 이전에는 인권 변호사 겸 사회 운동가로 활동하였고 정계 입문 이후에는 제19·20대 성남시장, 제35대 경기도지사를 역임하였다.

1963년 12월 22일, 경상북도 안동군 예안면 도촌리 지통마을에서 아버지 이경희와 어머니 구호명의 5남 4녀 가운데 일곱째로 태·

어났다. 누나 둘이 일찍 세상을 떠나 다섯째로 자랐다. 이 마을은 경북 영양군 청기면, 봉화군 재산면, 안동군 예안면이 만나는 청량산 자락으로 버스도 다니지 않는 깊은 산골의 화전민 마을이다.

생가는 슬레이트 지붕 벽돌집인데 한겨울엔 방안의 물이 얼고, 창문엔 성에가 하얗게 끼었다. 그는 "내가 태어난 날을 잊은 어머니가 점바지(점쟁이)에게 물어 음력 10월 23일(양력 12월 22일)을 출생일로 삼아 호적에 올렸다. 이때 점바지가 '이 아들을 잘 키우면 호강하리오'라는 말을 어머니는 희망으로 믿고 주문처럼 나를 외우며 키웠다."라고 말했다.

그의 집은 무척 가난했다. 초등학교만 간신히 졸업한 뒤 경기 성남으로 온 가족이 이주했다. 없는 살림을 개선할 돌파구를 마련하기 위한 부모의 선택이었다. 상대원 시장 뒷골목의 반지하 단칸방이 첫 보금자리였다. 중학교 진학은 엄두도 낼 수 없는 형편 속에 일당 400원을 받기 위해 13세 때부터 공장으로 출근했다. 어린 나이가 걸림돌이 될까 봐 형 이름을 도용해 위장 취업도 했다.

초등학교 시절의 일화

그의 초등학교 1학년 때 생활기록부에는 "고집이 세고 성적은 미미했지만 친구들과 잘 놀며 씩씩했다. 초등학교 1학년 때 자주 학교에 안 가서 결석한 날이 무려 76일이나 되었다. 이처럼 결석한 날이 많았던 이유는 대단한 것도 아니었다. 학교가 집에서 5km 정도 되는 거리에 학교가 있어, 가는 길이 너무 멀고, 비가 오는 날이면 냇가를 건너갈 수 없고, 눈이 와도 마찬가지였다. 그보다도 선생님의 꾸중이 싫었다.

유년 시절 친구들과 개울가에서 했던 낚시는, 현재 이재명의 가장 좋아하는 취미가 됐다. 가정 형편이 어려워 도화지나 크레파스를 손에 들어본 일이 없고, 친구들이 사생대회를 하러 밖에 나가면, 대신 화장실 청소를 했다. 학교에서 여름이면 보리 한 되, 겨울이면 나락 한 되를 가져오라고 했지만, 고생하는 어머니를 생각하며 가져가지 않고 혼나는 것으로 때웠다고 한다.

그렇지만 학교 공부는 재미있고 친구들과 노는 것도 좋았다. 학교에서 가장 즐거운 곳은 도서실이었다. 교무실 옆에 있는 작은 도서실 책장엔 문교부 지정 어린이 권장 도서들이 빼곡하게 차 있었다. 그 책들을 읽을 때는 온 세상을 휘젓고 다니는 것처럼 즐거웠다.

특히《암굴왕》,《지하세계》,《해저 2만 리》등은 모험심과 용기를 심어주었다. 가난에 찌든 어려운 현실을 모두 잠시 잊어버리게 해주었다. 그중에서도《암굴왕》은 정말 감동적이었다. 악당들의 모함에 빠져 한 번 들어가면 죽어야 나온다는 악마의 섬, 죽기 전에는 빠져나올 수 없다고 할 정도로 무서운 감옥에 갇힌 단테스가 불쌍하게 여겨졌다. 그가 목숨을 걸고 탈옥을 감행할 때는 작은 주먹을 불끈 움켜쥐고 조마조마한 마음으로 그를 지켜보았다.

초등학교 5학년 때 경주를 다녀온 수학여행을 지금도 잊을 수가 없다. 옛날 신라의 서울 경주를 처음 가본 추억보다는 수학여행을 가게 해 준 담임선생님과 교장선생님의 고마움을 평생 잊지 못하고 살아가기 때문이다.

담임선생님이 수학여행에 대한 가정 통신문을 나눠주었다, 통신문을 받아들었지만 나와는 관계없는 일로 여기고 아예 포기하고 있었다. 어머니에게는 물어보지도 않았다. 육성회비조차 제때 못 내는 형편에 수학여행은 감히 생각할 수도 없었기 때문이다. 가정통신 수학여행 참여란에 X표를 해서 담임선생님에게 드렸다.

담임선생님은 '가정방문을 하겠다'며 두 시간이나 걸리는 먼 산길을 걸어 재명이네 식구들이 사는 '화전민 마을 소개집'으로 어머니를 찾아왔다.

"아이들이 모두 가는 수학여행인데 재명이가 빠지겠답니다. 어머니께서 보내주겠다고 동의하시면 함께 수학여행을 갈 수 있는 길이 열릴 겁니다."

선생님 말에 감동하면서도 남의 신세를 지지 않으려고 아둥바둥 거리며 살고 있는 어머니는 부끄럽고도 착잡한 표정으로 한참 동안 대답을 못 하고 있다가 수학여행을 보내겠다고 말했다. 어린 나이에도 화전민의 소개집을 선생님에게 보여 주는 것이 부끄러웠던 재명은 선생님을 산모퉁이까지 배웅하면서도 고개를 들지 못했다. 소개집은 강제로 이주당한 화전민들을 위해 군청에서 시멘트 블록으로 지은 방 두 칸짜리 허술한 집이었다.

다음날 학교에서 교장선생님의 부름을 받았다.

"재명아, 학교 텃밭에서 돌을 골라내는 일을 하거라. 그럼 수학여행비를 벌 수 있다."

수학여행비를 벌 수 있다는 교장선생님 말이 귓속에 박혔다. 비슷한 처지의 아이들과 함께 특별활동 시간에 보리 수확을 마친 밭에서 돌을 골라내는 일을 했다. 교장선생님은 아이들에게 일당 200원씩을 계산해 주었다. 며칠 동안 쉬는 시간에 일한 덕에 1,300원을 모았다. 그 돈으로 수학여행비를 마련했다.

자치회나 협동조합에 대한 첫 경험이었고, 학교에서 처음으로 받아본 따뜻한 배려였다. 담임선생님과 교장선생님이 지금까지 보았던 선생님들과는 다르게 여겨졌다. 교장선생님은 학교 매점을 학생자치회에서 운영토록 하고, 그 수익금을 가난한 학생들에게 돌려주었다. 그 덕분에 5학년 학생들은 모두 경주로 수학여행을 즐겁게 다녀왔다.

어머니는 수학여행을 가는 아들에게 운동화를 사줬다. 태어나서 처음 신어보는 운동화였다. 안동에서 난생처음으로 기차를 타고 천년 역사와 문화가 가득하게 남아 있는 경주로 갔다. 불국사와 석굴암을 둘러보았다. 거대한 건물들이 신기하게 느껴졌지만 크게 놀라지는 않았다. 그러나 동산 같은 왕릉을 보면서 "무덤이 어쩌면 저토록 클 수 있을까?" 하고 무척 놀랐다. 왕릉보다 더 놀란 것은 '아이스케끼', 얼음과자였다. 한 입 베어 먹는 순간 뱃속까지 시원함을 느꼈다. '여름에도 얼음이 얼 수 있다'는 사실을 처음 알았다. 참으로 신기하게 느껴졌다.

어머니의 헌신적인 사랑

어머니의 헌신적 사랑은 유별났다. 세상에 자식을 애지중지 사랑으로 보살펴 주지 않는 부모, 특히 어머니가 어디 있을까? 그렇지만 재명이네 어머니는 남다른 점이 많았다.

어머니는 아들딸들의 옷을 손수 만들었다. 자식들의 밀린 육성회비를 마련하기 위해 누룩을 만들고 막걸리를 빚었다. 양조장이 먼 산촌이라 막걸리를 만들어 동네 어른들에게 팔면 약간의 돈이 생겼다. 막걸리를 빚고 남은 술지게미는 자식들의 허기를 달래는 간식으로 안성맞춤이었다. 어머니는 그런 일을 마다하지 않았고, 날마다 이른 새벽에 일어나 자식들의 아침을 차려 주고 남의 밭일을 다니면서 품삯을 받았다.

어린 재명은 이렇게 고생하는 어머니를 보면서 아버지가 더욱 원망스럽게 여겨졌다. 가난한 살림도, 어머니의 고생도 모두 아버지 때문이라고 생각했다. 살림을 늘리지는 못할망정 꽤 있던 논밭을 다 팔아 없앤 아버지, 참으로 무능한 아버지라는 생각을 지울 수가 없었다. 그런 아버지만 아니었다면 어머니가 저렇게 고생하지도 않았고, 나도 학교에서 야단맞거나 화장실 청소하는 일도 없을 것이라는 생각이 들었다.

재영과 재선 형들도 남들처럼 중학교를 다녔을 텐데, 초등학교를 졸업한 재영 형은 중학교를 포기한 대신 날마다 자기 키보다 큰 지게를 지고 산에 가서 땔나무를 한 짐씩 해오는 게 일과였다. 재선 형도 초등학교를 졸업하고 중학교에 들어가지 못한 채 집에서 책만 읽었다. 어머니는 책이든 신문이든 손에 들면 놓지 않고 읽는 재선이를 보면서 "저런 애를 중학교에 보내지 못하니 참으로 가슴이 아프다"라면서 스스로 한탄했다.

이듬해 어머니는 재선이를 중학교에 보냈다. 중학교가 너무 먼 거리에 있어서 걸어 다니기가 힘들었다. 그래도 재선이는 등굣길이 무척 즐겁고 신났다. 어머니는 빚을 내어 재선이에게 자전거를 사주었다. 재선이는 동생 재명에게 자전거 타기를 가르쳐 주었다. 어린 재명은 키가 작아 자전거 안장에 올라앉지 못하고 프레임 사이로 다리를 끼워 페달을 밟았다. 손재주가 남달랐던 그는 펑크 난 타이어의 튜브를 때우고 끊어진 체인을 이어주고, 휘어진 휠도 바로 잡아 주었다. 형의 자전거를 고치는 전담 정비공이 된 셈이다.

재명이가 초등학교 5학년 때였다. 강철 같은 여인으로만 알았던 어머니가 갑자기 쓰러졌다. 안동의 큰 병원에서 수술해야 한다는데, 수술비가 35만 원이나 들어간다고 했다. 그때 집안 형편으로는 큰돈이었다. 열일곱 살인 재영이가 이웃 마을에 사는 친할아버지에게 도움을 청하러 갔다가, 빈손으로 돌아왔다.

재명은 어머니 옆에 주저앉은 채 울기만 계속했다. 돈이 없어 어머니가 입원하지 못해 생명이 위험하다는 사실이 무서웠지만, 그보다도 "어머니가 돌아가시면 어쩌지?" 불길한 생각에 등골이

오싹해졌다. 할아버지가 증오스러웠고, 아버지가 너무나 원망스러웠다. 돈만 아는 할아버지가 야속했고, 소식조차 없는 아버지를 한없이 원망했다.

재명은 얼마나 울었는지 모른다. 그때 열한 살 어린 그가 할 수 있는 일은 우는 것 말고는 따로 없었다. 재명이가 울고 있을 때, 큰형 재영이는 삼촌을 찾아갔다. 삼촌이긴 해도 아버지와는 피를 나눈 삼촌이 아니라서 별로 기대를 않고 찾아갔다. 그런데 삼촌이 병원 치료비를 대주겠다고 나섰다. 어린 형제는 사람이 위기를 당했을 때 인간의 마음을 알 수 있다는 말이 새삼 가슴에 다가왔다. 그런 걸 가르쳐 준 사람이 바로 삼촌이다. 재명 형제는 고맙고 기뻐서 또 울었다.

아들들의 지성으로 어머니는 다시 일어났다. 5남매는 어머니를 더욱 공경하며 따랐다. 아무도 어머니의 속을 썩이는 일을 하지 않았다. 맏아들 재영은 아버지 대신 온갖 궂은일을 다하며 동생들을 보살폈다. 중학생인 재선이는 공부를 열심히 했고, 잘해서 성적도 좋았다.

초등학생인 재명은 등굣길이 엄청 멀었지만, 학교를 열심히 다녔다. 학교에 다녀오면 어머니 옆에 붙어 앉아 떨어지지 않았다. 어머니와 함께 밭을 매고 풀도 뽑고 잡석을 거둬냈다. 철부지 동생 재옥과 재문도 보리개떡이 싫다는 말을 하지 않고 고분고분했다.

동네 사람들은 재명이네가 대단하다며 부러워했다.

"재명이네 남매들처럼 어머니를 받들어 모시는 반듯한 자식들은 그 어느 곳에서도 찾아보기 어렵다."

아버지가 출타해 집에 남은 다섯 남매를 키우는 어머니로서는 세상의 무엇과도 바꿀 수 없는 소중한 아들딸들이다. 어머니와 다섯 남매는 비록 가난했지만, 행복한 가정을 꾸려가는 완전한 모범 공동체였다.

인생살이에서는 어려움, 두려움, 고난이 늘 따르거나 곁에 붙어 있다. 그렇다고 해서 세상살이에 슬픔만 있는 것이 아니고 기쁨만 이어지는 것도 아니다.

이재명이 성남시장에 당선된 뒤 얼마 안 되었을 때 남매들의 이야기이다. 오빠의 시장 당선을 그렇게 기뻐하던 여동생 재옥이가 갑자기 세상을 떠났다.

"오빠에게 좋은 일자리 하나 달라고 하라는 말에, 오빠 시장 덕에 힘든 배달 일을 안 한다는 오해받기 싫다"라며 야쿠르트 배달원을 계속했다. 그렇게 힘든 일을 계속하다가 조금 더 벌이가 나은 자리라고 옮긴 게 청소 업체였다. 좋은 일자리라고 환하게 웃던 여동생, 새 일터가 된 건물의 화장실 청소를 하다가 쓰러져 일어나지 못한 여동생이 죽었다는 뜻밖의 비보를 받은 이재명은 무릎을 꿇고 앉았다. 눈물이 쏟아졌다. 그렇게 흐느끼느라 한참을 일어서지 못했다.

한참 예민한 중학교 시절에 날마다 어머니가 일하는 공중화장실의 청소를 도우며 휴지를 팔아야 했던 재옥이었다. 재명은 혼자 생각했다.

"사내인 나도 아버지 따라 청소하러 다니는 것이 창피했는데 공중화장실 청소를 한 재옥이는 오죽했을까?"

그렇게 자란 여동생이 다른 곳도 아니고 화장실 청소원으로 일하다가 화장실에서 소중한 삶을 마감했다는 것이 너무나 안쓰러

| 이재명 가족사진

웠다. 셋째 형에게 패륜을 당하고 무서워서 집에 들어가지 못하는 어머니를 모신 것도 여동생이었다.

며느리이자 재명의 아내인 김혜경이 어머니를 모시고 함께 지낼 때, "엄마를 혼자 독차지하는 게 어딨냐?"라고 하면서 어머니를 번갈아 모시자고 떼를 썼다. 번갈아 어머니를 모시며 재옥과 친자매보다 더 가까이 지냈던 올케 김혜경도 시누이 영정 앞에서 남편 못지않게 슬피 울었다.

중학 대신 소년공으로 진출

1977년 2월, 초등학교 졸업과 동시에 경기도 성남시로 이주했다. 재명은 중학교 대신 만 열두 살의 어린이로 공장에 들어가 소년공으로 노동자의 길을 걸었다.

첫 번째 직장은 목걸이를 만드는 곳이었다. 그곳에서 하는 일은 신주라고 불리는 황동 선을 꼬아 납으로 땜질하는 작업이었다. 연탄가스와 납 연기가 자욱한 작은 공장에서 일했다. 앞에는 납을 끓이는 연탄 화덕이 놓여 있고 그 옆에는 염산을 담은 용기가 놓여 있었다. 일정하게 모양이 잡힌 신주에 염산을 묻힌 다음 납으로 때우는 단순 작업이 반복되었다.

연탄가스 냄새에다 끓어오르는 납과 수은, 카드뮴 냄새까지 뒤섞인 작업장에서 온종일 일하고 나면 머리가 멍하고 정신이 몽롱해졌다. 남들도 다 참고 일하기 때문에 당연한 일로 여겼다. 그러나 그것이 얼마나 치명적인 유해물질인지도 모른 채 시키는 대로 일만 했다.

어느 날 염산이 담긴 용기가 엎질러지면서 그의 청바지에 튀었다. 청바지가 금세 딱딱하게 굳어버렸다. 다리를 씻고 와서 다시 작업을 계속했다. 그렇게 해서 그가 받은 한 달 월급은 3,000원이었다. 그때 쌀 한 가마니가 3,500원 하던 시절이니, 한 달 일하고도 쌀 한 가마니 살 수 없는 저임금이었다.

공장에서 일하는 것보다 더 힘든 시간이 출근 시간이었다. 공장으로 가는 길에 등교하는 학생들과 마주치면 마음이 무척 괴로웠다. 교복을 입고 등교하는 그들이 무척 부러웠고 그의 회색 작업복이 너무나 초라하게 대비되었다. 같은 또래의 여학생을 만날 때는 어디론가 숨고 싶은 생각이 앞섰다.

두 번째 직장 역시 목걸이를 만드는 곳이었다. 월급 1만 원을 받기로 하고 직장을 옮겼다. 공장이 20리나 떨어진 창곡동인데, 작업장이 반지하라 첫 번째 공장보다 작업 환경이 더 나빴지만 월급이 3배나 많아 어깨를 펴고 다녔다. 아침 8시 30분에 출근해서 밤 9시까지 12시간 일했다. 일이 밀리면 야근하느라 더 늦기도 했다. 그래도 힘이 솟았다. 3배나 되는 월급 때문이다. 하지만 공장에서는 점심은커녕 저녁도 주지 않고 야근까지 시켰다. 점심은 어머니가 싸준 도시락으로 때우고 저녁은 건너뛰고 일에 매달렸다.

어머니는 아들이 돌아올 때까지 잠을 안 자고 기다렸다. 집에 돌아가 대문을 열면 문소리를 듣고 어머니가 뛰어나와 아들을 맞았다.

"엄마, 안 주무셨네요?"

"그럼, 니가 안 왔는데 어찌 잠을…."

어머니는 열두 시간 넘게 일하고 녹초가 되어 돌아온 열세 살 아들의 등을 말없이 토닥거려 주고 한참 늦은 저녁 밥상을 차려 주었다. 그는 어머니도 자기보다 더 힘들게 일한다는 것을 잘 알고 있다. 어머니의 고생은 고향을 떠나 성남에 온 이후에도 전혀 줄어들지 않았다. 어머니는 시장통에 있는 유료 공중화장실에서 청소하고, 돈 받는 일을 계속하면서 휴지도 팔았다. 혼자서 종일 이용자들에게 돈을 받느라 자리를 비우지 못했기 때문에 점심 식사도 화장실 문 앞에서 들었다.

"얘야, 직장이 너무 멀어 다니기가 힘들제?"

어머니는 수척해진 아들을 바라보며 걱정했다. 아들은 어깨를 펴며 말했다.

"괜찮아. 그래도 월급을 많이 준다잖아요. 내일 밀린 월급을 다 준대."

그러나 사장은 3개월이나 월급을 주지 않고 미뤘다. 곧 돈이 들어오면 준다며 지금까지 미뤘던 월급을 모두 주겠다고 말했다. 그 날이 내일로 다가왔다. 밀린 월급봉투를 생각하며 아침 출근을 했는데 공장 문이 잠겼다. 사장이 야반도주한 것이다. 등록도 되어 있지 않은 무허가 공장, 밤중에 도망친 사장을 소년공이 찾을 길은 아득했다.

미성년자인 그로서는 호소할 곳도 몰랐다. 하늘이 무너지는 것처럼 너무나 허망했다. 힘없이 돌아온 아들을 어머니가 달래주었다. 어머니는 억울하고 분하다며 울음을 터뜨리는 아들을 품에 안고 등을 쓰다듬어 주면서 점쟁이의 말을 다시 읊조렸다.

"그래도 괘안타, 니는 잘 될 끼라. 틀림없이 잘 된다더라."

세 번째 일터는 아버지가 '이번엔 제대로 된 회사'라며 데리고 간 공장 '동마고무'였다. 이 공장에서 손가락을 다쳐 첫 산업 재해를 당했다. 콘덴서용 고무 기판을 만드는 공장인데, 목걸이 공장보다는 규모가 컸다. 여기서는 주민등록등본을 요구했다. 취업 연령 여부를 확인하기 위해서다. 재명은 취업할 수 없는 미성년자라 형의 이름으로 취직했다.

연마반에 배치되었다. 연마반은 사출기로 고무판을 찍어낸 다음 프레스기로 구멍을 뚫은 기판을 성형반에서 넘겨받아 일하는 곳이다. 연마를 맡은 그는 모터에 장착된 연마기로 고무 기판의 구멍과 모서리를 매끈하게 갈아내는 작업이 그의 일인데, 검은 고무 가루가 공장 안에 가득 찼다. 그 속에서 일하고 집으로 돌아와 거울을 보면 얼굴이 새까맣게 그을렸다. 목이 따가워 가래침을 뱉으면 새까만 가래침이 나왔다. 그 시절엔 미성년자 소년공이 일할 곳도 없고, 환경 조건을 갖춘 공장도 드물었다.

소년공들은 밤늦도록 일하는 야근이나 철야 근무를 좋아했다. 재명이도 마찬가지였다. 야근하면 특별 수당에 라면 한 봉지까지 얹어주기 때문이다. 야근 다음 날이 휴일이 될 때는 더욱 신났다. 철야 작업이 끝나면 소년공들이 한자리에 모여 노래를 부르며 신나게 놀았다.

공장생활에 적응해 가던 소년공 재명은 고무기판과 함께 손가락이 떡이 되는 끔찍한 사고를 당했다. 연마기가 지문도 없앨 만큼 피부를 벗겨내는 정도를 넘어 피와 살과 새까만 고무가루를 뒤섞으며 뒤범벅으로 만들어 버린 것이다. 그 상처 위로 사장의 분노가 덮쳤다.

"이 녀석아! 조심하라 했지. 그 기계가 얼마나 비싼 건지 알아?"

| 성남 지하방에서 지상방으로 이사온 이재명 가족

 병원에 가서 치료를 받았지만, 의사는 살과 고무 가루를 분리해 내지 못한 채 봉합했다. 다행히도 뼈는 다치지 않아 무사했다. 그는 일당 400원을 받기 위해 깁스를 한 채 출근했다. 치료 기간에는 일하지 않아도 급여의 70%를 지급해야 한다는 걸 그 누구도 말해 주지 않았다. 깁스한 왼손을 어깨에 매달고 공장에 나가 오른손으로 다른 사람의 작업을 거들었다.

 어머니는 깁스를 푼 다음에 다시 나가라고 했지만, 그는 고집을 꺾지 않았다. 그가 한 번 고집을 피우면 누구도 꺾지 못한다는 것을 아는 어머니는 아침마다 그의 손을 잡고 공장 문 앞까지 동행했다. 아들이 철야 작업을 하는 날이면 어머니는 새벽 4시에 공장으로 왔다가 아들과 함께 집으로 가곤 했다.

손가락에 새살이 돋아났지만 빼내지 못한 검은 고무 가루는 그대로 몸속에 남았다. 어머니는 공장에서 돌아올 때마다 아들의 손바닥부터 확인했다. 특별히 조심해도 연마 작업 중에 손바닥과 손톱 어딘가는 긁히거나 깎이는 일이 생기기 때문이다. 공장에선 장갑 끼고 하면 손이 둔해져서 기판을 깔끔하게 갈아낼 수 없다며 맨손으로 일을 시킨다.

"제대로 된 공장이라더니… 이러다가는 손이 남아나질 않것어라."

어머니는 이런 일을 계속한다는 건 아무래도 안 되겠다고 했지만, 아들은 물러서지 않고 날마다 출근했다. 그는 어머니가 하루빨리 화장실 일을 그만두는 날이 와야 할 텐데 라며 걱정했다. 어머니는 종일 화장실을 지키며 소변 10원, 대변 20원을 받고, 회장실 청소를 한다. 아버지가 어머니를 그 고생으로부터 풀어주지 못한다면 그가 해야 한다고 생각했다.

"어머니를 이렇게 살게 내버려 두지 않겠다."

그는 새로운 목표를 세웠다. 종일 공중화장실을 지키며 일하는 어머니가 그 일을 접고 평온한 삶을 누리도록 해 드리겠다는 소망을 목표 속에 담았다. 한 손에 깁스를 하고 밤 10시가 넘어서야 공장에서 퇴근하던 어린 아들을 지성으로 이끌어 준 어머니에 대한 꿈이다.

어머니와 아들 모자가 나란히 손잡고 집으로 돌아가던 새벽길은 지금도 성남 단대오거리에서 상대원동으로 이어진다. 45년 전의 언덕길 위에 두 사람이 남겨 놓은 발자국엔 결코 지울 수 없는 가난의 흔적, 연민, 애틋한 사랑이 고스란히 괴여 있다.

법적으로 노동을 할 수 있는 나이가 아니어서, 가명으로 나이를 올린 소년공 이재명은 다음 직장인 대양실업에 들어간다. 여기서 프레스에 손목이 눌려 관절이 으스러지는 두 번째 산업 재해를 당했다. 당시 공장은 사고가 빈번해서 주변 사람들은 다들 "이 정도면 다행"이라고 다독였다. 그 말에 병원도 찾지 않고 아픈 팔로 계속 일을 했다.

그는 "소년공 공장 생활 6년 동안 여섯 군데 공장을 떠돌면서 쇠붙이와 화공약품이 내 몸 안에서 이름을 얻는 동안 나는 이름조차 없는 소년 공돌이었을 뿐"이라고 고백했다. 그의 소년공 노동자의 아픔은 이렇다.

"첫 번째 공장에서는 열세 살 어린 나이로 납과 염산을 들이마셨다. 두 번째 공장에서는 붕산을 마셨고, 세 번째 공장에서는 고

| 대양실업공장 (이재명 오른쪽)

무가루가 내 손가락에 박혔다. 옅은 색깔의 청색 고무 가루는 아
직도 내 몸속에 있다. 네 번째 공장에서는 날카로운 함석들이 내
몸뚱이 곳곳에 자상과 흉터를 남겼다. 다섯 번째 공장에서는 팔목
뼈가 부러지면서 성장판을 잃고 이윽고 팔은 굽어버렸다. 여섯 번
째 공장에서는 벤졸과 아세톤이 내 후각을 훔쳐 갔다. 그리하여
나는 어떤 냄새도 못 맡는 사내가 되었다."

　하지만 열여섯 살 무렵 키가 15cm 자라면서, 손목과 팔의 뼈도
자라야 하는데 문제가 생겨 자라지 못해 팔이 비틀어졌다. 이 바
람에 관절이 으스러진 부분의 성장판이 깨졌다. 결국 이 사고로

장애인 6급 판정을 받아 병역면제 판정을 받았다.

소년 이재명의 3가지 목표

공장에서 일하는 소년공들을 '공돌이'라 일컫는다, 그들이 살아가는 일터에선 언제 손가락이 잘려 날아갈지 알 수 없는 일이 반복되곤 한다. 반장의 손이라고 해서 빠르게 돌아가는 프레스기가 봐주는 것도 아니다. 그래서 언제나 긴장 상태가 이어진다.

공장에서 매 맞지 않고, 돈 뜯기지 않고, 다치지 않으면서 일하고 월급도 많이 받으며 점심시간에 자유롭게 공장 바깥으로 나다닐 수 있는 사람을 재명이가 본 일이 없다. 오직 단 한 사람 홍 대리만은 예외였다. 사무실과 공장을 오가며 업무지시 사항을 전달하는 그의 앞에선 직장, 반장, 모두가 숨을 죽인다.

어쩌다 외국 손님이 오면 그를 데리고 공장을 한 바퀴 돌아보는 사장보다 홍 대리가 공원들 눈엔 훨씬 더 높은 사람처럼 보였다. 홍 대리가 어떤 말을 해도 따지거나 대드는 사람을 보지 못했다. 홍 대리보다 나이가 훨씬 많은 직장이나 반장도 그가 나타나면 고개를 푹 숙였다.

재명은 조심스럽게 "홍 대리는 어떻게 대리가 되었느냐?"라고 옆 사람에게 슬쩍 물어보았다. 답은 하나, 그가 고졸 출신이라는 것이다. 그때 공장 안에 고졸은커녕 중졸도 한 명 없다. 홍 대리를 본 순간 공부하겠다는 생각이 번쩍 들었다. 손목을 제대로 쓸 수가 없는 그가 살아남을 수 있는 길은 그 길밖에 없다고 생각한 것이다. 공부할 각오를 굳게 다지고 세 가지 목표를 세웠다.

첫째, 남에게 얻어맞지 않고 산다.
둘째, 돈을 벌어 가난에서 벗어난다.
셋째, 자유롭게 돌아다니며 산다.

소년공인 그가 얼마나 처절한 공돌이 생활을 했는지 단적으로 보여 주는 대목이다. 이 목표를 이루려면 우선 고등학교를 나와야 했다. 그가 학교에 다닌다는 것은 야간학교뿐인데, 그마저도 꿈길이다. 다른 길을 찾아보다가 검정고시가 있다는 정보를 얻었다.

곧바로 검정고시 학원을 찾아갔다. 야간부 수업이 오후 6시에 시작되었다. 공장 퇴근 시각이 오후 6시라 겹친다. 그는 과장에게 사정을 얘기했다.

"검정고시 학원엘 다니고 싶습니다. 회사에서 30분 일찍 퇴근

하면 가능합니다. 그 대신 학원에 가지 않는 날과 휴일에 더 일하겠습니다. 허락해 주세요."

"안 된다!"

답변은 냉정하고 간단했다. 그 말이 뇌리에 파고들면서 무척 실망스러웠다. 대양실업에 다닌 지 1년이 가까웠을 무렵 출퇴근 시각이 30분 앞당겨졌다. 1978년 4월 말이었다. 그 30분은 재명에게 빛을 주는 황금시간과도 같았다.

검정고시 학원에 등록하다

대양실업에 다니던 소년공 시절, 교복을 입고 등교하는 여자아이들 무리와 마주친 이후 '공부하고 싶다'는 생각을 하고, 검정고시 학원에 등록했다. 이 과정에서 검정고시 학원 원장선생님의 도움을 받았다. 돈이 없어 더 이상 학원에 나올 수 없다고 하자 원장선생님이 무료로 단과 반에서 공부하도록 배려했다.

"아버지! 3개월만 학원에 다니게 해 주세요."

재명은 아버지에게 졸랐다. 아버지는 아들의 간절한 애원을 반대할 수 없었다. 드디어 아버지의 허락을 받은 재명은 거짓말 같은 변화에 뛸 듯이 기뻤다.

검정고시 학원으로 달려갔다. 그러나 8월 검정고시 준비반은 이미 등록이 끝나고, 3주 차 수업 중이었다. 검정고시가 8월 초에 시행되므로 공부할 수 있는 기간은 불과 3개월뿐이다. 그때 검정고시 시험은 4월과 8월, 1년에 두 번뿐이다. 8월 검정고시 준비반은 이미 끝났으니, 내년 4월까지 기다려야 했다. 기다릴 마음의 여유도 없었지만 9월에 시작하면 7개월을 공부해야 했다. 학원비도 4개월보다 훨씬 많은 7개월 동안 내야 했다. 아버지가 그에게 허락한 기간도 3개월뿐이다. 그럴 수 없었다.

그는 통사정하며 매달린 끝에 뒤늦게 종합반에 등록하고 4주 차 수업부터 들어갔다. 고입 검정고시는 총 여덟 과목, 학원비가 7,000원 정도였다. 대양실업 월급은 1만 5,000원이라 학원비는 댈 수 있다고 생각했다.

어쨌거나 8월 검정고시가 필사의 코스였다. 준비 기간이 4개월밖에 되지 않아서 합격이 어렵다는 걸 깨달았다. 16주 만에 남들은 3년 동안 공부하는 중학교 과정의 여덟 과목을 모두 뗀다는 것은 하늘의 별 따기와 다름없는 도전이다. 종합반 학생들은 모두가 죽을힘을 다해 공부했다. 더구나 3주나 뒤처진 뒤에 들어간 재명에게는 남은 13주가 너무나 짧았다.

공장에서 퇴근하면 곧장 학원으로 달려갔다. 버스가 바로 오지 않으면 걸어갔다. 노트와 필기구를 사느라 용돈을 다 써버린 탓에 3km 거리를 반은 뛰고 절반은 걸어 다녔다. 학원에 도착한 뒤 찬물로 세수하고 수업에 들어갔다. 피곤했지만 행복한 시간이다.

선생님들이 공부 잘한다고 칭찬해 주었다. 지금까지 받아보지 못한 인정이었고, 들어보지 못한 칭찬이라 기분이 상쾌해지고 공부가 잘되었다. 수업이 끝난 뒤 자습실에 남으면 졸음이 쏟아졌다. 하지만 졸음을 참아가며 복습과 예습에 충실했다.

소년공 심정운도 같은 동네라서 둘은 통금 시간이 가까워질 때까지 함께 학원 자습실에서 공부했다. 시간이 부족했던 그들은 집으로 돌아가는 동안에도 서로 문제를 내고 답을 맞혀 보는 문답식 공부를 하면서 걸었다.

그 무렵 우리 가족은 누나가 시집가서 한 명이 줄었다. 그래도 여덟 식구가 단칸방에서 살았다. 식구들이 모두 잠든 뒤에도 불을 켜놓고 입시 공부를 했다. 어느 날 아버지가 버럭 화를 냈다.

"그깟 공부하믄 뭘 해, 잠 좀 자자."

아버지는 그러면서 불을 꺼버렸다. 아들은 그날 밤 잠도 안 자고 날이 새도록 아버지를 원망했다. 당시 아버지는 상대원 시장에서 쓰레기를 치우는 잡부로 일했는데, 새벽이면 재명을 데리고 나가 쓰레기를 치우게 했다.

"아버지처럼 살지 않겠습니다."

이재명은 경기도지사 시절, 자전적 에세이 《이재명은 합니다》
에서 아버지에 대해 이렇게 고백했다. 소설이나 영화보다 더 가슴
아픈 사연을 그대로 옮겨 본다.

나를 단련시킨 것은 아버지와 가난이었다. 그런 의미에서 아버
지는 내게 큰 선물을 준 셈이다. 나의 성장기는 아픔의 연속이었
지만 그 아픔이 없었다면, 오늘의 나도 없었을 것이다. 이 모든 과
정 속에 아버지라는 존재가 아프게 자리 잡고 있다.

아버지는 성공과는 거리가 먼 분이었다. 하지만 어린 시절 내
가 아버지를 싫어한 이유는 성공하지 못해서가 아니라 가장의 역
할을 버렸기 때문이다. 나는 5남 2녀 7남매 중 다섯째로 태어났
다. 위로 형이 셋, 누이가 하나 있고, 밑으로 남동생과 여동생이
하나씩 있었다. 이렇게 많은 자식을 두었는데도 아버지는 집안을
제대로 돌보지 않았다.

가사를 책임지고 자식들을 길러낸 사람은 바로 어머니였다. 아버
지도 한때는 대학생이었던 시절이 있었다. 현재 대구의 영남대학교
의 전신인 청구대학에 다니셨는데 어느 날 갑자기 중퇴를 한 뒤 고향
으로 돌아와 농사꾼이 되었다. 도저히 학비를 마련할 수 없었던 것

| 이재명 가족 사진(이재명 왼쪽)

이다. 어쩌면 논밭 하나 없이 화전을 일구어야 할 만큼 찢어지게 가난한 집에서 대학을 다닌다는 것 자체가 처음부터 무리였을 것이다.

그때부터 아버지는 '공부'라는 말만 나오면 표정이 일그러졌고, 자식의 교육에도 철저히 무관심으로 일관했다. 아버지는 심지어 내가 독학으로 중등학교 검정고시를 준비하는 것조차 반대하며 번번이 훼방을 놓았다.

내가 초등학교에 다니던 어느 날, 아버지는 돌연 집을 나가버렸다. 말도 없이 무기한 가출을 한 것이다. 어머니와 7남매의 생계 따위는 아버지의 안중에 없었다. 혼자서 아들딸 7남매를 키워야 했던 어머니의 고초는 이루 말할 수 없었다.

이렇다 할 돈벌이를 찾기도 어려운 시골에서 어머니는 남의 집에 들어가 허드렛일을 하며 날품팔이 삶을 살았다. 말 그대로 하루 벌어 하루 사는 위태로운 나날들이었다. 심지어 어머니는 그 당시 불법인 줄 알면서도 몰래 막걸리를 빚어 팔기도 했다. 퉁퉁 불어터진 어머니의 손을 볼 때마다 나는 아버지라는 존재를 증오하고 또 증오했다. 힘겨울 때마다 이 모든 시련이 아버지 때문이라는 생각에 저주의 감정마저 들었다. 그런데 그런 아버지에게서 어느 날 연락이 왔다.

경기도 성남이라는 곳에 터전을 마련해 놨으니 모두 올라오라는 것이었다. 우리는 들뜬 마음을 안고 고향을 떠나 성남으로 향했다. 하지만 이내 절망하고 말았다. 아버지가 돈을 많이 벌어 성남시에 정착한 게 아니라는 것을 알게 된 것이다. 아버지는 성남시 상대원동 공단지역에서 잡역부로 일하고 있었다.

집이라는 것도 달랑 단칸방 하나여서 여덟 식구가 다닥다닥 붙어 자야만 했다. 들어본 적도 없는 성남이라는 도시와 나의 인연은 그렇게 시작되었다. 그 당시 성남시는 서울에서 이주해온 이른바 '달동네' 출신들로 북적였다. 서울의 청계천·창신동·금호동 일대 판자촌에 재개발이 이루어지면서 그곳 서민들을 이주시켜 만든 황량한 도시가 바로 성남이다.

맨주먹으로 살기엔 차라리 고향인 안동 산골보다 못해 보였다. 고향에서는 그나마 열심히 땅을 파면 입에 풀칠 정도는 할 수 있었다. 그러나 성남 공단지역에서는 먹고살기 위해 누구나 공장 노동자가 되어야 했다. 내가 12세의 나이에 공장에서 일하게 된 것도 생존을 위한 필수 코스일 뿐이었다. 공장 생활은 산재 사고와 중노동, 그리고 무수한 구타로 점철된 시련의 시간들이었다.

어릴 때부터 폭력은 이미 익숙한 것이기도 했다. 고향인 안동의 초등학교에서도 교사들에게 수없이 매를 맞으며 자랐다. 집이 가난해서 학습 준비물을 가져가지 못한 아이들은 무조건 매를 맞아야 했다. 어떤 변명도 통하지 않았다. 억울하고 화가 나도 참을 수밖에 없었다.

그때는 교사가 학생을 때리는 것까지 교권이라 여기던 시절이었다. 하루가 멀다 하고 매를 맞아야 했던 나는 복수심에 불탄 나머지 교사가 되겠다는 꿈을 품기에 이르렀다. 실컷 때려보고 싶었다. 하지만 그 꿈은 공장 생활을 하면서 변했다. 교사에서 공장 간부로 꿈이 바뀐 것이다.

공장 간부가 되려면 적어도 고등학교 졸업장이 있어야 했기 때문에 나는 검정고시를 준비했다. 그런데 그 꿈을 가로막은 가장 큰 걸림돌이 아버지였다.

"공장에서 착실히 일이나 할 것이지 쓸데없는 공부는 무슨 공부람!"

아버지는 내가 공장에서 사고를 당하고 매일 같이 구타를 당한다는 사실을 알면서도 그렇게 말했다. 공부를 해서 바꿀 수 있는 운명이 아니라고 생각했던 것인지, 아니면 자식의 공부 뒷바라지를 해주지 못하는 자격지심 때문인지는 알 수 없었지만 한 가지 분명한 사실은 아버지가 뼛속 깊이 절망으로 가득 찬 사람이라는 것이었다. 최소한의 긍정도, 한 줌의 희망도 없는 삶. 그런 인생을 자식에게 고스란히 물려줄 생각이었던 걸까. 나는 공장에서 간부들이 휘두르는 주먹보다 아버지의 그 절망이 몇 곱절 더 아팠다.

절망에 빠진 사람은 주변 사람들까지 절망의 늪으로 끌어들인다는 사실을 그때 알았다. 어떻게 보면 내가 정말로 극복해야 할 대상은 가난과 시련이 아니라 아버지였을지도 모른다.

"아버지처럼 살지 않겠습니다."

나는 이 마음 하나로 독하게 공부를 해나갔다. 그리고 중학교 검정고시를 거쳐 고등학교 검정고시까지 마쳤다. 나는 '해냈다'는 심정으로 고등학교 검정고시 합격증을 제일 먼저 아버지에게 보였다. 아버지는 합격증을 받아들고도 아무 말이 없었다. '수고 했다', '잘했다'는 말 따위는 애초에 기대하지도 않았지만, 최소한 고개 정도를 끄덕여줄 수도 있지 않은가.

나는 그대로 밖으로 나가 공단 거리를 걷고 또 걸으며 울분을 삭였다. 어느 날 집으로 돌아왔을 때 나는 무릎이 꺾이고 말았다. 방바닥에 합격증이 갈기갈기 찢어진 채 흩어져 있었던 것이다. "어떻게 받은 합격증인데…."

아버지에 대한 증오는 그렇게 켜켜이 쌓여 갔다. 대학 재학 시절 나는 사법고시 1차에 합격했지만 2차에서 낙방하고 말았다. 졸업 후에 다시 도전해서 1차에 합격했을 때 아버지는 병원에 입원 중이었다. 지병인 위암이 재발한 것이다. 그때 문병을 온 친척 한 분이 내게 다가와 말했다.

"아버지가 자네 자랑을 많이 하더군."

알고 보니 아버지가 친척들 앞에서 "우리 재명이를 내가 법대 에 보냈네."라며 자랑하더라는 것이었다. 나는 씁쓸한 표정을 감 추기 위해 고개를 숙여야 했다. 검정고시로 중·고등학교 졸업 자 격을 따고, 공장에서 일하며 대학에 들어갈 때까지 내게 한마디 격려조차 없었던 아버지가 무슨 낯으로 그런 소리를 한단 말인가. 내 마음속에서 아버지에 대한 원망이 다시 솟구치기 시작했다.

하지만 아버지가 내게 도움을 전혀 주지 않은 것은 아니었다. 사법고시 공부를 위해 신림동 고시원에 들어갔을 때 아버지가 몇 달 치 월세를 보내준 적이 있었다. 그때는 내가 대학을 졸업한 직후여서 매월 학교에서 20만 원씩 받던 생활보조금이 끊어진 상태였다. 그 사정을 알고 내 통장으로 돈을 넣어준 것이다. 고시 공부에 전념해야 할 때라 한두 푼이 절실했던 나에게는 더없이 고마운 돈이었다. 한편으론 그것이 아버지와 나눈 최초의 화해였다.

그로부터 얼마 후 나는 사법고시 2차에 합격했다. 최종 합격 발표 후 어느 날 아버지와 마주했다. 그 무렵 아버지는 말을 단 한마디도 못 할 정도로 병이 악화되어 집에서 세상과의 이별을 준비하고 있었다.

"아버지, 사법고시에 합격했습니다."

나는 병상에 누워 잠든 아버지에게 다가가 조용히 속삭였다. 아버지는 말을 할 수 없는 상태였지만 내 목소리는 알아들은 것 같았다. 잠시 후 아버지가 천천히 눈을 떴다. 초점을 잃은 눈동자는 무엇인가를 애타게 찾고 있었다. 아버지가 나를 보고 싶어 한다는 것은 느낌으로도 충분히 알 수 있었다. 곧이어 아버지의 눈에서 눈물이 방울지는가 싶더니 두 볼을 타고 흘러내렸다. 그러고는 다시 눈을 감았다. 나는 아버지의 눈물 젖은 얼굴을 보며 생각했다.

"아버지, 사실은 제가 잘 되기를 바라셨죠? 모른 척하면서도 저를 쭉 지켜봐 주신 거죠? 제가 마음 단단히 먹고 살아가기를 바라신 거죠?"

하지만 아버지는 아무 말이 없었다. 그러나 아버지와 아들은 그 큰 과거의 아픈 벽을 허물고 화해했다. 그 후 아버지는 다시 깨어나지 못한 채 한마디 유언도 없이 영원히 잠들었다. 어쩌면 그 눈물 속에 모든 말이 담겨 있었던 게 아닐까? 당신의 한 많은 인생에 대하여, 부자(父子)의 정을 한 번도 나누지 못한 채 떠나는 회한에 대하여….

아버지가 돌아가신 그날은 공교롭게도 내 생일이었다. 그리고 돌아가신 시간도 내가 태어난 시와 똑같았다. 아버지는 내가 태어난 그날, 그 시간에 맞춰 생을 마감한 것이다. 그날의 임종은 결국 아버지와 나만을 위한 마지막 화해의 순간이 되었다.

그날 이후 나는 가슴 속에서 아버지를 다시 만났다. 오랫동안 뿌리 깊이 박혀 있던 원망도 완전히 사라졌다. 그 뒤로 여러 해가 흐르면서 나는 한동안 아버지를 잊고 지냈다. 하지만 문득문득 아버지의 얼굴이 떠오를 때가 있었다. 인권변호사로서 시민운동을 하다가 수배자로 몰려 수난을 당할 때, 정치에 입문해 정적들이 나를 함부로 겁박할 때, 가족 문제로 큰 시련을 겪을 때, 답답하고 억울하고 마음이 지칠 때마다 어김없이 아버지의 얼굴이 떠올랐다. 그리고 매번 거짓말처럼 오기와 투지가 솟아나곤 했다. 인생의 마지막 순간에 아들 앞에서 눈물 흘리던 그 얼굴이 나에게는 용기의 원천이 된 것이다.

비록 오랫동안 아버지를 증오했지만, 돌이켜보면 그 증오심은 오히려 불과 물과 망치가 되어 나를 담금질해 온 셈이었다. 덕분에 내 의지는 강철같이 단단해질 수 있었다. 아버지는 이 거친 세상을 헤쳐 나갈 수 있는 진정한 토양을 내게 길러준 것이다. 그것은 아버지가 내게 준 유일한 선물이자 가장 소중한 유산이었다. 한 해, 두 해, 나이가 들어가면서 나는 그 선물의 진정한 가치를 뼈저리게 실감하곤 한다.

두 차례 자살 시도

공장에서 철야 야근을 하고 날이 밝아 집에 온 재명은 고단함에 지쳐 눈이 스르르 잠겼다. 어머니가 아버지에게 말하는 걱정스러운 이야기가 잠결에 귓속으로 스며들었다.

"쟤가 저러다가 평생 병신이 데문 우짜지요?"

"돈 벌어서 수술하면 될끼라."

"수술? 집 사려고 모다 논 돈이 조금 있긴 한디, 그 돈으로 수술부터 시킬까요?"

"뭬야! 그 돈은 아무도 손 못 댄다."

아버지의 성난 목소리가 매우 단호하게 들렸다.

'쟤는 병신이 될 거야' 하는 아버지와 어머니의 이야기를 잠결에 들은 어린 재명은 저도 모르게 눈물을 흘렸다. 그 눈물로 베개가 흠뻑 젖었다. 그는 지금까지 해온 모든 노력이 한꺼번에 무너지는 것 같은 충격을 받았다. 모든 것을 포기했다. 대학 진학을 위한 입시 준비도, 굽어진 팔을 고치는 일도 모두 다 부질없는 일이라고 생각했다.

"평생 병신이 될 거라고? 살아야 할 이유가 없지 않은가?"

그는 열심히 노력해서 교복 차림으로 학교에 다니고 싶었고, 열심히 살아서 아버지에게 성공한 모습을 보여 주고 싶었지만, 모두 다 부질없고 허황한 꿈이라는 생각이 앞섰다. 그런 생각을 하는 순간 모든 의욕이 밀물처럼 빠지면서 살고 싶은 생각이 사라졌다. 죽겠다고 각오한 그는 동네 약국에 가서 수면제를 달라고 말했다.

약국에서 수면제를 산 다음 날 할아버지가 고향에서 세상을 떠났다는 전보를 받았다. 할아버지의 장례로 첫 번째 자살 계획은 늦추어졌다. 아버지는 할아버지의 장례를 치른 뒤에도 예전과 변함없이 여전했다. 굽은 팔의 통증이 더욱 심해지면서 몹시 아팠다. 그렇지만 폐지 줍는 일을 계속했다.

폐지를 줍던 중에 팔이 아파 얼굴을 찡그리자 아버지는 '엄살 떨지 말고 부지런히 하라'면서 야단쳤다. 손목이 아프고 통증이 심해서 종이를 손으로 누르지 못하고 발로 밟았다. 아버지의 호통이 또 떨어졌다.

"병신 같은 놈! 그따위로 일하면 팔을 고쳐주지 않겠다."

사실 그는 '병신 같은 놈'이 아니라 이미 병신이다. '병신'이란 말이 예리한 비수가 되어 가슴을 후벼 팠다. '내일까지 죽지 않으면 사람이 아니다'라고 다짐하고 죽을 각오를 했다.

그날 밤 연탄 한 장을 사 들고 집으로 돌아왔다. 다락에 연탄불을 피우고 수면제를 먹었다. 웬일인지 잠이 오지 않았다. 한참 시간이 지나서야 잠이 오자, 이제 세상과 영원한 작별이라고 생각했다.

얼마나 시간이 흘렀을까? 그는 다시 깨어났다. 연탄불은 이미 꺼져 있고 정신은 말짱했다. 공장 친구들은 그 정도의 수면제라면 죽는다고 했는데, 그게 아니었다. 수면제 알이 부족해서 죽지 않고 깨어난 것으로 생각했다.

첫 번째 자살에 실패한 뒤, 다시 기회를 노렸다. 죽겠다는 생각은 더욱 굳어졌다. 두 번째 자살 계획도 역시 실패로 끝났다. 이번에는 수면제 알약을 훨씬 많이 먹고 연탄불도 제대로 펴 놓고 잠이 들었다. 그때 매형이 왔다가 나를 발견하고 흔들어 깨운 것이다. 나중에

알았는데 수면제 알약은 가짜였고 소화제였다. 미성년자가 수면제를 달라기에 약사가 눈치를 채고 소화제를 듬뿍 준 것이다. 두 번째 시도마저 실패한 뒤, "자살도 힘들구나!" 하는 생각을 했다.

그는 최근 코로나19로 자해, 우울증, 자살이 늘고 있다는 소식에 '우리 죽지 말고 삽시다!'라는 글을 페이스북에 올리면서 자신의 지난날의 시련과 경험을 고백하기도 했다.

어머니에게 금가락지 선물

재명은 월급 5만 3,000원을 받아 아버지에게 봉투째 드렸다. 아들의 월급봉투를 받아든 아버지는 아무 말도 없이 용돈으로 6,000원을 내줬다. 돈을 벌지 않으면 용돈도 안 주는 아버지라 뜻밖이다. 오리엔트에서 마지막 월급을 받았던 2월 이후 용돈이라고는 단 한 번 3,000원을 받은 게 전부이다. 아버지가 준 용돈 6,000원에서 절반인 3,000원을 떼어 어머니에게 주었다.

"애야, 니가 그동안 쓰지 않고 맡긴 용돈이 5만 원이나 된단다."

어머니는 대견스럽다는 듯이 말했다. 그 말을 듣는 순간 5만 원을 어떻게 할 것인가? 고민했다. 그때까지 그의 소유물은 온전한 것 하나도 없었다. 그는 카메라를 꼭 가지고 싶었다. 자전거도 없고, 옷과 신발도 변변한 게 없는 그였지만 카메라만은 꼭 갖고 싶었다. 그런 까닭은 아무도 기억해 주지 않는 시간을 사로잡아 주는 마술사가 바로 카메라라고 여겼기 때문이다. '소년공 이재명'의 기록을 카메라로 담아내고 싶었다. 그가 만난 다정한 사람들, 그가 겪어온 아름다운 풍경을 간직하고 싶었다.

3,000원을 받아들고 기뻐하는 어머니의 거친 손을 보는 순간 차마 카메라를 사겠다는 말이 나오지 않았다. 어머니의 마른 손가락에는 남들이 다 끼는 금가락지 하나 없었다. 아버지의 도움 없이 혼자 5남매를 키우면서 먹이고 입히고 학교에 보내기 위해 손가락에 남았던 마지막 금붙이 하나까지 팔아버린 어머니의 거친 손가락을 보는 순간 마음이 아프고 쓰렸다.

대학에 들어갈 꿈조차 막막해진 지금, 출세해서 어머니를 호강시켜 드리겠다는 꿈도 멀어만 지는 것 같았다. 내 용돈을 한 푼도 쓰지 않고 아껴 모아 둔 어머니의 마음, 이 돈으로 평생 자식들을 위해 고생만 한 어머니에게 남들이 모두 끼고 있는 금가락지 하나라도 해드리고 싶다는 생각이 번쩍 들었다.

곧바로 금방에 가서 금가락지 값을 알아보니, 5만 원이면 가는 반지는 살 수 있다고 한다. 마음 한편에서 카메라를 사고 싶은 욕심이 자꾸 꿈틀거렸다. 지금 사지 않으면 언제 살 수 있을지 모를 카메라였다. 카메라를 포기하고 막상 어머니에게 반지를 사주려고 하니 아쉽고, 아까운 생각도 들었지만, 눈 딱 감고 어머니에게 드릴 금반지를 샀다.

중등 과정 검정고시로 통과

이재명을 괴롭히는 괴물은 돈이었다.

학원에서는 조잡하게 프린트한 문제집을 나눠주고 교재비로 3만 5,000원이나 받았다. 경기도 성남에서 서울 동대문구 답십리까지 오가는 버스비도 빠듯한 처지라, 책값을 내지 못하고 며칠을 버텼다. 버스 안에서 벌어진 일이다.

"학생 아닌데 학생 요금을 내면 안 돼요. 일반 요금을 내라."

수강증을 보여 주었더니, '안 된다'고 해서 '교복을 입어야만 학생이냐?'고 대들었다.

재명은 학원비를 낼 돈이 없어서 학원을 그만두었다. 삼영학원에 다닌 지 겨우 두 달 만이다. 부러진 갈비뼈를 부둥켜안고 다닌 학원인데, 돈이 학원 길을 가로막은 것이다. 5월분 수강료를 내지 못해 학원에 더 나갈 수가 없었다. 결국 그로서는 돈이 원수였다. 생각하면 할수록 아버지는 알다가도 모를 사람이었다. 돈 벌어 집부터 마련해야 한다면서 학원에 다니지 말라고 야단치는 아버지의 마음을 이해할 수가 없었다.

하지만 그는 물러서지 않았다. 공장에 다녀와서 교육방송 TV 과외를 시청하며 혼자 공부를 계속했다.

"앞으로는 제가 번 돈을 공부하는 데만 쓰겠어요."

| 검정고시 응시 원서 사진

그는 단호하게 선언하고 아버지에게 월급봉투를 드리지 않았다. 3개월 월급을 모은 뒤, 두 달 만에 다시 삼영학원 종합반에 들어갔다. 학력고사는 4개월 앞으로 다가왔다. 공장에 다니면서 남은 4개월 동안 공부하여 학력고사에서 최하 260점을 받아야만 하는데, 그 점수를 받기란 정말 불가능하다는 생각이 들었다.

가난한 소년공을 괴롭히는 것은 돈만이 아니었다. 돈보다 더 없는 것이 시간이었다. 학원의 야간반을 다니며 주경야독으로 공부해 온 그는 다니던 공장 오리엔트를 그만두고 주간반에 등록했다. 주간반에 다니며 밤낮으로 책과 씨름했다.

성남의 한 독서실에서 친구와 서로 격려하고 잠을 깨워가며 밤 새워 공부했다. 공장에서 일하는 시간이 학원에서 공부하고 독서 실에서 복습하는 시간으로 바뀌었을 뿐, 그 열정이 더욱 뜨겁게 불타올랐다. 그때 그의 공부 시간표는 공장에 다닐 때보다 더 빈 틈없고 구체적이었다.

* 아침 7시: 일어나서 아침 먹고 학원 가서 오전 수업
* 낮 12시: 점심 먹고 오후 수업
* 오후 4시: 학원에서 자습
* 오후 7시: 점심때 남겨둔 도시락을 먹고 자습
* 오후 10시: 학원에서 나와 버스 타고 독서실 가면서 차에서 공부
* 오후 11시: 성남 독서실 도착해서 공부
* 새벽 4시: 귀가해서 취침
* 아침 7시: 일어나서 아침 먹고 학원 가서 오전 공부

잠자는 시간이 짧아 늘 졸음에 시달렸다. 졸음을 이겨내려고 물수건을 짜서 머리에 동여매고 독서실에서 공부했다. 여름의 독 서실은 모기들의 천국이었다. 아무리 잠을 줄여도 공부할 시간은

늘 부족했고, 잠은 그의 두 눈으로 스며들며 괴롭혔다.

늦가을로 접어들면서 잠은 더욱 모질게 스며들었다. 자기도 모르게 담요를 등에 걸친 채 잠들곤 했다. 오들오들 떨면서 밤새 공부를 하고 새벽에 통금이 풀리면 집에 와서 새우잠 자듯 한숨 자고 아침 7시에 일어나 다시 학원으로 달려갔다.

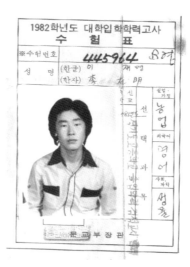

| 대학입학학력고사 수험표

학원을 오가는 버스 안에서도 문제집을 손에 들고 외웠다. 그러다가 버스에서 잠들어 사막골 종점까지 가는 때가 종종 있었다.

1978년 고입 검정고시에 합격해 중졸 자격을 얻었다. 그러나 산업재해로 당한 팔의 통증이 계속 심해졌다. 교복을 입고 등교하는 학생들을 볼 때마다 부모에 대한 반항심도 생겼다. 방황 끝에 1980년 두 번의 자살을 시도하지만, 실패로 돌아간 뒤 어떤 일이 있어도 살아야 한다고 결심했다.

어떻게든 공부를 해야 한다고 마음먹고 대입 검정고시 공부를 한 끝에 1980년 4월 대입 검정고시에 합격해 고졸 자격을 얻었다.

대입학력고사 제도가 바뀌면서 1981년부터 학력고사 성적만으로 대학에 들어갈 수 있게 되자, 대학 진학의 꿈을 키웠다. 대학생 과외도 전면 금지되는 대신 장학생 제도가 확대됐다. 정규 학교교육을 받지 못한 사람도, 시험만 잘 보면 장학금을 받고 다닐 기회가 열린 것이다. 다니던 공장도 그만두고 대학입학 준비 공부에만 매달렸다.

집권 여당인 더불어민주당 대선 후보로 선출된 이재명은 그야말로 "개천이 아니라 산천에서 용이 났다"라는 표현이 맞아떨어질 정도로 드라마틱한 인생 역정을 걸어왔다. 소년공 시절을 "찢어지게 가난했다"고 종종 회고할 정도로 어려운 가정환경에서 자랐다. 그러나 흙수저 출신의 어려움을 딛고 주경야독 독학으로 변호사를 거쳐 경기도 성남에서 지역 정치인으로 성장하고 경기도를 넘어 대한민국을 다스리겠다는 꿈을 펴는 등 입지전적 성공신화의 주인공으로 달려가고 있다. 재수 끝에 대권 후보자 타이틀을 따낸 도전의 명수이다.

2017년 대선 당시 "변방의 벼룩이 소를 잡겠다"며 도전했다. 비록 3등에 머물렀지만, 그때 당내에서도 "의미 있는 3등이다"라며 훗날을 기약했다. 그리고 2022년 대선에 또다시 도전해 마침내 후보로 선출되었다. 경기도지사를 거치며 체급을 키워온 그를 정치권에서는 "전투형 노무현"이라고 평가한다.

　여유가 거의 없는 생활 속에서도 꾸준히 써온 일기가 여당의 대선 후보 선출 경선 TV토론회에서 공개되어 화제를 모았다. 중등학교 졸업자격 검정고시를 준비하던 1980년 7월에는 "책상 앞에 앉기만 하면 공부하기가 싫어졌다. 그러면서도 평생 공돌이로 썩고 싶은 생각도 없다"고 적었다. 사법시험을 준비하던 1984년 2월에는 큼지막한 글씨로 "재명아, 정신 차려라"라고 써놓았다.

장학생으로 법과대학에 입학

　중앙대학교 법과대학 법학과 82학번 장학생으로 입학했다. 학비 지원에 생활보조금으로 매월 20만원까지 지원받았다. 생활보조금 20만 원은 소년공으로 공장에서 받았던 마지막 월급의 세 배가 넘는 금액이었다. 이재명은 학교에서 받은 생활보조금을 아껴서 형 이재선도 대학에 갈 수 있도록 도와주었다. 형에게 학원 등록을 권유하고 매월 학원비를 보내주었다. 형은 공부를 시작한지 1년 만에 건국대학교 경제학과에 장학생으로 합격했다. 그리고 대학에서 열심히 공부한 끝에 공인회계사 시험에도 당당히 합격했다.

　법과대학을 다니는 이재명의 목표는 변호사가 되는 것이었다.

대학 3학년 때에 사법고시를 보았다. 1차에 합격했으나 4학년 때 2차에서 미역국을 먹었다. 5학년 때 최종 합격했다. 대학에서는 4학년을 마치고 졸업하지만 고시생들은 대학 5학년생이라는 말을 흔히 사용한다. 그 때 고시에 합격한다는 말이다.

사법고시 1차 합격 때의 일이다. 영어로 말하기 시험이 있었는데, 내 영어 발음을 아무도 알아듣지 못하는 것이었다. 그때 비로소 내 영어에 심각한 문제가 있다는 걸 깨달았다. 그때까지 나는 영어를 읽기만 했지, 들어본 적이 단 한 번도 없었다. 외국인을 만나본 일도 없고, 외국인과 대화해 볼 기회도 없었다.

성남에서 대학을 오가는 버스에서 조용히 영어 책을 읽고 화장실에서 나 홀로 중얼거리며 독학한 영어가 전부이다. '바이블'을 '비블'이라 읽었고, '아이언'을 '아이롱'이 읽었으며 '아일랜드'를 '아질란드'라 하였으니 얼마나 엉터리 영어공부를 한 것인가. 물론 '아일랜드'는 나라 이름이고 '아질란드'라고 읽은 '아일랜드'는 섬

| 중앙대 입학식 이재명과 어머니

| 대학 시절 이재명

이라는 것을 알고 있었지만 발음은 정확하지 못했다.

1986년, 대학 졸업한 이듬해에 사법시험에 최종 합격한 후 사법연수원에 입학했다. 거기서 훗날 대한민국 대통령이 된 노무현 변호사의 강연을 들었다. 노무현 변호사의 강연을 듣기 전에는 연수원 수료 이후 전관예우의 혜택을 누릴 수 있는 판사와 또는 검사를 선택하려고 하였으나 "변호사는 밥을 굶지 않는다"는 노무현 변호사의 강연에 감명을 받아 인권변호사의 길로 나서기로 결심했다.

그때 사법연수원 18기 출신으로는 김재형 대법관, 민유숙 대법

관, 문형배 헌법재판관, 문무일 전 검찰총장, 이석수 전 국가정보
원 기획조정실장, 김진태 전 미래통합당 의원, 정성호 더불어민주
당 의원 등이 있다.

인권변호사 활동

그는 판검사 대신 인권변호사를 선택했다. 1986년 대학 졸업
다음해 7월 사법시험 재수 끝에 합격해 사법연수원 18기로 입소
했다. 당시는 우리 사회 민주화 열망이 매우 높았던 시기로, 사법
시험 성적과 연수원 성적이 우수한 이들이 판검사 임관 대신 변호
사로 개업하는 경우가 종종 있었다고 한다. 군부정권 치하에서 임
용장을 받지 않겠다는 기개였다.

그의 사법시험 성적은 중간, 연수원 성적은 합산 30% 내에 드는
상위권이어서 충분히 판검사의 길을 갈 수 있었지만 그러지 않았
다. 대신 뜻을 함께하는 동기들과 "양심과 신념에 따라 각자 지역
으로 돌아가 변호사로 개업하자"며 일종의 '도원결의'를 맺었다.
결의에 함께한 이들 중에는 민주당 정성호 의원도 있었다. 이때부
터 정 의원은 든든한 형이자 동지로 이 후보와 함께하고 있다.

단독으로 성남에 변호사 사무소를 개업하고 인권변호사로 나

섰다. 경기도 광주시와 이천시 노동상담소 소장과 '민주사회를 위한 변호사 모임' 활동을 하며 주로 노동과 인권 변론을 맡았다. 1995년에는 성남시민모임 창립 구성원으로 시민운동도 시작했다. '분당 백궁·정자지구 용도 변경' 특혜 의혹을 제기하고, '분당 파크뷰 특혜 분양 사건'도 파헤치면서 변호사 겸 사회운동가로 이름을 올렸다.

그 시절, 성남시에 있던 종합병원 두 곳이 문을 닫았다. 그러자 이재명은 성남시에도 시립병원이 있어야 한다며 시립병원설립추진위원회를 구성하고 공동대표로 활동하며 성남시민들과 함께 성남 시립병원 설립 운동을 펼쳤다. 그러나 그때 성남시의회는 한나라당이 장악하고 있었다. 시의회는 주민발의 조례를 단 47초 만에 날치기로 부결해 버렸다.

이재명은 방청하던 시민들과 함께 거세게 항의하다가 특수공무집행방해죄로 몰려 체포 직전에 피신하여 수배자가 되었다. 그 뒤 이재명은 사회운동만으로는 세상을 바꿀 수 없다는 것을 깨닫고 정치에 들어서기로 마음먹었다.

| 인권변호사 시절 이재명

변호사 개업 일화

"힘없는 사람들을 변호하자!"

사법연수원 동기들은 법률구조공단에 월급쟁이로 들어간 이재명을 이해할 수가 없었다. 일반적으로 판사나 검사로 현직에서 6개월 정도만 있다가 나와서 변호사로 개업하면, 전관예우를 받으며 돈을 벌 수 있는데, 그 길을 마다하고 개업 자금을 마련하기 위해 법률구조공단에 월급쟁이 직원으로 들어갔기 때문이다. 그래서 주변에선 이해할 수 없는 '별종'이라고 여겼다.

'이재명 변호사 사무소'를 차릴 때의 일화이다.

평소에 주문처럼 외치던 말, "용감하게 현직을 포기하고라도 가야 할 곳이 성남의 노동자들 곁이다"를 실행하지 못하고 있는 그를 안타깝게 여긴 두 사람이 있었으니, 바로 조영래 변호사와 성일학원 김창구 원장이었다.

두 사람 중 한 사람인 조영래 변호사는 누구인가?

'어느 청년 노동자의 삶과 죽음'이란 제목으로 《전태일 평전》을 익명으로 썼던 인물이다. 명문 경기고교와 서울대학을 최우등으로 나온 수재였지만 노동자와 민주주의를 위해 이름을 감추고 헌신한 '변호사 조영래'였다. 이재명은 연수원 시절 변호사 시보를 마음속으로 무척 존경했고, 우러러본 조 변호사 사무소에서 받았다. 그때 조 변호사가 맡은 '망원동 수재민 집단소송'을 보조하면서 실무를 익혔다.

시보가 끝날 무렵 뜻밖의 일이 생겼다. 조 변호사가 조용히 불렀다.

"변호사 사무소를 열게! 이 돈이면 열 수 있을 게야."

조 변호사는 500만 원을 그에게 선뜻 내주었다.

"대선배님 뜻에 어긋남이 없는 인권변호사가 되겠습니다."

그 돈은 조 변호사가 은행에서 특별히 융자받는 돈이다. 판검사 임용을 포기하고 변호사의 길을 가겠다는 25세 새내기 변호사의 무모한 용기와 힘없는 사람들을 돕고 싶다는 그를 가상하게 여긴 조 변호사의 특별한 격려였다. 500만 원이라는 거금에 감격했지만, 존경하는 조 변호사가 자신을 믿고 인정해 주었다는 사실에 너무나 가슴 뿌듯함과 함께 고마움을 느꼈다.

모든 기득권을 다 포기하고 독재정권과 맞서 싸우며 노동자와 민주주의를 위해 헌신해 온 대선배 존경하는 어른의 기대에 절대 어긋나지 않는 인권변호사가 되겠다는 다짐을 거듭하면서 거금 500만 원의 '변호사 사무실 자금'을 받았다.

또 한 명의 은인인 '성일학원 김창구 원장'은 어떤 사람일까?

소년공 이재명이 진학의 꿈을 안고 검정고시 준비하던 중에 학원비 낼 돈이 없어서 포기하려는 재명에게 공짜로 학원에 다니게 해준 사람이다. 그랬던 사람이 성남에서 변호사 사무소 차릴 곳을 물색하고 있다는 소문을 듣고 '변호사 제대로 해보라'며 역시 거금 500만 원을 선뜻 빌려주었다.

| 청년 변호사 시절의 이재명

참으로 고마운 두 분 은인에 대해 무어라 말할 수 없이 감사함을 느꼈다. 두 분으로부터 '돈을 어떻게 써야 하는지'를 배웠다. 능력이 생기면 두 분처럼 하고 싶다는 마음을 굳혔다.

두 사람이 빌려준 1,000만 원의 거금으로 연수원 동기인 임상대 변호사와 함께 성남에 변호사 사무소를 차렸다. 이때 스물다섯 살의 변호사 이재명은 두 가지 결심을 했다.

"첫째, 돈을 변호하지 않고 사람을 변호한다.
둘째, 이익을 변호하지 않지 않고 정의를 변호한다."

그는 '변호사 이재명'과 '민생 변론'이라는 글자가 적힌 명패를 사무소에 나란히 놓고 변호사 일을 열심히 했다. 변호사를 하는 동안 '민생 변론' 네 글자를 한시도 잊지 않겠다고 다짐하고 또 다짐했다.

세상은 차가웠다. 판검사를 거치지 않은 '이재명 변호사 사무실'은 전관예우도 없고, 뒷거래 연고도 없는 새내기 변호사라 한가롭기 이를 데 없었다. 열심히 뛰어다닌 덕에 성남공단의 노동 사건이 하나둘 들어왔다. 인근에 있는 성남 가천대학과 용인의 한국외대, 수원의 경희대학 등에서 시위 운동을 펼치다가 구속된 학생들의 변호도 맡았다.

"이재명보다 더 상황을 정확히 이해하고 명쾌하게 법리를 전개하는 변호사는 없다."

대학가와 성남 지역에서 그를 칭송하는 소문이 퍼지면서 지명도가 올라갔다. 대부분의 변호사가 기피하는 돈 안 되고 골치 아픈 사건들이 그에게로 몰려왔다. 모든 법률 상담을 무료로 해주고, 한 번 상담을 받아본 의뢰인들과 친분을 쌓아갔다.

상담하러 온 사람들이 입고 온 옷과 신발, 학력 같은 것을 따지지 않고 성심껏 대해 주었다. 외모가 허술하면 허술할수록 더 성실하고 친절하게 상담하고 방법을 알려주었다. 어떤 사건에 연루

되어 겁을 먹고 위축되어 찾아온 사람들과 마주 앉으면 편안하게 해주기 위해 적절한 농담도 섞었다. 가능하면 돈이 많이 들어가는 소송을 하지 말고 해결하는 방법을 찾아 주었다. 그의 인기는 입소문을 타고 전파되었다.

변호사 사무실이 자리를 잡아가면서 노동상담소를 차렸다. 본격적인 노동 관련 변호사, 인권변호사로 나선 것이다.

인권변호사로 나선 뒤 좀 더 편한 길로 갈 수 있는데도 힘든 길을 선택한 아들에게 어머니가 나지막한 목소리로 말했다.

"얘야, 앞으로는 어떤 일이 있어도 거짓말을 하지 마라. 엄마로서 그러는 게 아니란다. 누가 봐도 거짓말은 환히 보인단다. 그냥 속 편하게 바른말 하며 살아라."

아마도 판검사가 되기를 바랐던 어머니의 간절함을 어기고 인권변호사가 된 아들에게 못마땅한 점이 있었는지도 모른다는 생각이 들어 죄송함을 떨쳐버릴 수가 없었다.

II

놀라운 집념

02 놀라운 집념

성남시장 두 차례 당선

2005년 8월 23일 열린우리당에 입당함과 동시에 성남시장 출마 의사를 밝히면서 정치무대로 발길을 돌렸다. 2006년 지방선거 때에 공천을 받아 성남시장에 출마했으나, 참여정부 심판론이 불거지면서 23.75%의 득표율로 낙선의 고배를 마셨다.

2007년 대통령 선거 때에는 정동영 대통합민주신당 대통령 후보 비서실 수석부실장으로 활동하면서 정치적 경륜을 쌓았다. 2008년 총선에서는 경기도 성남시 중원구 선거구에 공천을 신청했지만 당내 경선에서 조성준 후보에 밀려 공천을 받지 못하고 그 대신 성남시 분당구갑에 전략 공천되었다.

그러나 분당은 보수 정당의 전통적 텃밭 지역인데다 이명박 정부 출범 직후 치러진 선거라는 점 등 여러 모로 불리한 상황이라 33.23%의 득표율을 기록하며 또 다시 낙선하고 말았다. 그 뒤 정세균 민주당 대표의 부름을 받아 민주당 부대변인을 지냈다.

2010년 지방선거 때에는 성남시장에 도전장을 내밀었다. 역대 선거 결과에서 진보 진영이 우세했던 수정구, 중원구에서 각각 58.9%, 57.9%의 높은 지지를 얻고 그 전 선거에서 보수 진영이 지속적으로 승리해 왔던 분당구에서도 44.6%로 약진하며 종합 51.2%를 얻어 43.1%를 얻은 한나라당 황준기 후보를 제치고 성남시장에 당선되는 영예를 안았다.

제19대 성남시장 취임사를 통해 "새로운 성남을 향한 발걸음이 쉽지만은 않을 것이다. 힘들면 쉬었다 가더라도 서로의 어깨를 보듬고 한 걸음 한 걸음 웃으며 나아가자. 우리는 할 수 있다. 시민이 주인 되는 성남, 시민이 행복한 시정, 기회가 균등한 성남을 함께 만들자"고 강조했다.

시장 취임 당시 초등학교 교실 4개 면적으로 호화 논란을 빚던 전직 시장의 시장실을 북카페로 내놓고, 좁은 공간인 2층으로 시장실을 옮겨 새롭게 출발했다.

시장 취임 후 첫 기자회견에서는 '모라토리엄'을 선언했다. 이재명은 재정난으로 LH·국토부 등에 내야 할 판교신도시 조성사업비 5,200억 원을 단기간에 갚을 수 없다고 주장했고 이는 국토부와의 진실공방으로 이어지면서 취임 직후부터 전국적인 화제의 주인공이 되었다.

그 뒤에도 그는 여느 단체장과는 차별되는 행보로 눈길을 끌었다. 트위터, 페이스북 등 SNS 소통에 적극적으로 나서며 거리낌없이 현안에 대한 자신의 견해를 밝혔다. 특히 시장실에는 "돈 봉투를 들고 오는 사람들이 많다"는 이유로 CCTV를 설치했다.

취임 직후부터 무상교복 정책을 포함한 각종 복지정책에 중점을 두고. 성남시립의료원 강화에 나섰다. 시행이 가로막히면 시의회·정부와 각을 세우거나 소송도 불사하면서 끝까지 추진해 이루어냈다.

2014년 제6회 전국동시지방선거 때에도 새정치민주연합 후보로 성남시장에 출마하여 강세 지역인 수정구, 중원구에서 각각 56.4%, 56.7%를 얻고, 분당구에서도 예전 선거 때보다 지지율이 10% 가량 상승한 53.8%를 기록하여 종합 55.1%로 44.0%의 새누리당 신영수 후보를 제치고 연임에 성공했다.

8년 동안 성남시장으로 재임하며 중·고등학교 신입생 무상교복지원사업, 청년배당정책, 성남시의료원 건설 등을 포함해 총 287개의 공약 가운데 270개를 실행하면서 94.1%의 공약 이행률을 기록하는 치적을 쌓았다.

이 시기에 성남 FC의 구단주를 겸임하며 수원 FC와의 깃발 더비를 탄생시켜 스포츠 행정가의 기질도 보였다.

Point 성남시장 주요 공약

· 분당·판교·수정·중원지역 경전철 도입
· 동별 2개 이상 공영주차장 추가 확보
· 유휴공간을 지역 소공원으로 조성
· 동별 어린이 도서관 건립
· 지하철역 에스컬레이터 및 엘리베이터 설치
· 재래시장 현대화 및 상설 문화공간으로 활용
· 벤처기업, 일반 창업자, 영세사업자를 위한 지원책 마련
· 방송통신대학교 학습장 구별 건립
· 노인 요양병원 설립과 노인 전문병원 건립

Point 모라토리엄(moratorium)

지급유예(支給猶豫) 또는 지불유예(支拂猶豫), 지급연기(支給延期)라는 용어, 전쟁·천재(天災)·공황 등에 의해 경제계가 혼란하고 채무 이행이 어려워지게 된 경우 국가의 공권력으로 발동한다. 나라 전체나 어느 특정 지역에서 긴급 사태가 발생한 경우에 국가 권력의 발동에 의하여 일정 기간 금전 채무의 이행을 연장시키는 일이다.

| 성남시장 후보 이재명

시장실의 쇠망치

이재명은 성남시장 때에 지지자로부터 설날 명절 선물로 쇠망치(오함마)를 받아 시장실에 보관해 화제를 모은 일이 있다.

그는 페이스북에 "설날 지지자로부터 '공정한 나라를 위해 부정부패 기득권을 때려 부수라'며 철거 현장에서 쓰는 쇠망치를 선물 받았다"면서 시장 집무실에서 쇠망치를 들고 촬영한 영상을 공개했다.

27초 분량의 이 영상에서 "이 나라의 부패 기득권 세력을 부숴

보겠다"며 망치로 내려치는 시늉을 하고는 "무섭습니까?"라며 미소를 지었다. 그런 다음 "이 나라는 중환자다. 고통을 감수하고 수술하지 않으면 살아남을 수 없다. 아프지만 칼을 들고 수술해야 한다"라고 강조했다.

"정치도 경제도 사회도 모두 썩어서 사람들이 좌절하고 있다. 그래서 최우선적으로 재벌 족벌과 부패 기득권 청산부터 할 것"이라고 밝혔다.

이재명은 지금 "대한민국 최초의 노동자 출신 대통령이 되겠다. 70년 묵은 적폐를 깨끗이 청산하고 공정한 나라를 만들겠다"며 대권 행보에 열중하고 있다.

일반적으로 시장 집무실에서는 축하 난, 축화, 축서 등을 볼 수 있지만, 쇠망치가 있는 시장실은 성남시장실이 유일했다. 그가 쇠망치 선물을 공개한 뒤에 "이 쇠망치가 적폐 청산용인가? 철거용역 폭력조직들의 점령 깃발인가?" 하는 말들이 떠돌았다.

그는 "지지자가 선물했다"고 공개했지만. 선물한 지지지가 누가인지는 밝히지 않았다. 얼마 뒤 한 언론이 성남시장실에서 그와 인터뷰를 하면서 "저 쇠망치는 누가 선물한 겁니까? 라고 질문했다. 그는 지지자로부터 받았다면서 부패하고 부당한 기득권을 깨뜨려달라며 가져왔다. 그의 요망을 잊지 않겠다는 각오를 다지는 의미에서 보관하고 있다고 설명했다.

그 쇠망치에 대하여 SBS TV가 '그것이 알고 싶다'로 방송이 나간 뒤에 SNS와 온라인 커뮤니티에서 시선을 끌었다.

"쇠망치를 선물한 게 국제 마피아파 조직원이 아니냐?"

"쇠망치는 본래 공구이긴 하지만 조직 폭력배들이 사용하는 무기이다."

그러나 이재명은 페이스북에 글을 올리며 거듭 강조했다.

"지지자로부터 공정한 나라를 위해 부정부패 기득권 때려 부수라고 철거 현장에서 쓰는 쇠망치를 새해 선물로 받았다. 이 나라는 중환자이다. 고통을 감수하고 수술하지 않으면 살아남을 수가 없다. 아프지만 칼을 들고 수술해야 한다. 정치도 경제도 사회도 모두 썩어서 사람들이 좌절하고 있다. 그래서 최우선적으로 재벌 족벌과 부패 기득권 청산부터 해야 한다. 새해 복 많이 받으세요. 여러분."

경기도지사로 눈부신 활약

제7회 지방선거 때에는 경기도지사 예비후보로 등록하기 위해 성남시장 직을 사임하고, 국회 정론관에서 경기도지사 출마를 공식 선언했다. 당내 경선에서 60.0%의 득표율을 얻어 전해철, 양기대 후보를 누르고 더불어민주당 경기도지사 후보로 선출되었다. 본선에서는 56.40%의 득표율을 얻어 35.51%의 득표율을 얻은 남경필 자유한국당 후보를 제치고 당선되었다. 이로써 민주당계 정당 출신으로는 임창열 이후 20년 만에 당선된 기록을 세웠다.

그는 제35대 경기도지사 취임사에서 도백(道伯)으로서의 포부와 청사진을 밝혔다.

"약속을 지키는 도지사가 되겠습니다. 지위보다는 해야 할 일에, 권한보다는 책임에 더 집중하겠습니다. 저에게 주권자와의 약속은 계약 그 이상입니다. 화려한 말보다 책임지는 행동과 실천으로 선거기간 약속했던 것들을 하나하나 꼼꼼히 챙기겠습니다.

경청하고 소통하는 도지사가 되겠습니다. 주권자의 위임을 받은 대리인으로서의 역할과 책임을 다하기 위해 잘 듣고 끊임없이 소통하겠습니다. 도민 위에 군림하는 도지사가 아니라 도민들 옆에서 함께 하는 도지사가 되겠습니다.

강자의 횡포를 누르고 약자를 돕는 도지사가 되겠습니다. 저는 정치의 역할이 소수 강자의 횡포를 억제하고 다수 약자를 도와서 함께 어우러져 살게 하는 것이라고 믿습니다. 기득권의 편이 아니라 평범한 도민의 편에서 '억강부약(抑强扶弱)'을 실천하는 도지사가 되겠습니다."

　경기도지사 재임 중에는 불법 계곡 설치물에 본격적으로 칼을 빼들어 경기도 내 25개 시·군 234곳의 계곡·하천에 산재한 1,601개 불법 시설을 적발하였고 그 가운데 1,576개를 철거하였다. 이를 두고 '공권력을 앞세운 단속 위주의 행정'이라는 여론이 쏟아졌다. 그러나 불법 시설물과 자릿세, 바가지요금이 사라지고 청정 계곡을 되찾았다며 시민들은 환영했다.

　2019년 6월 18일, 위급 환자를 위한 '닥터헬기'가 경기도 안의 공공청사, 학교운동장, 공원 등에서 자유롭게 이·착륙할 수 있도록 할 수 있는 협약을 체결했다. 이 협약으로 닥터헬기는 기존에 이용했던 소방헬기 착륙장 588곳 외에도 경기도 공공청사 77곳과 학교운동장 1,755곳에서 이착륙할 수 있다. 이로써 경기도의 닥터헬기 이착륙 장소는 588곳에서 무려 3배수인 1,832곳으로 늘어나 모두 2,420곳이 되었다.

　그는 "응급 구조를 담당하는 일은 현행법상 '긴급재난'에 해당되는 만큼 목숨이 위태로운 긴급 상황에는 주거 침입이나 재물 손괴 등의 행위가 허용된다. 예를 들어 헬기를 내릴만한 회사 운동장이 잠겨 있을 경우에도 과감하게 헬기를 내려도 된다. 오늘 협약된 공공기관, 학교를 기본적으로 활용하되 소방재난본부 지침

등을 만들어 비상상황에는 긴급재난 형태로 착륙이 이뤄질 수 있도록 조치해 달라"고 협조를 요청했다.

닥터헬기 이착륙 문제를 꾸준히 지적해 온 사람은 수원의 아주대병원 이국종 교수였다. 경기남부권역 외상센터장도 맡고 있는 이 교수는 "런던에서 비행할 때 제일 많이 이용했던 착륙장이 바로 학교운동장이었다. 교사들이 수업하다 말고 운동장으로 나와 출동 현장을 학생들에게 보여주곤 했는데, 교사들이 '생명 존중 사상을 뿌리 깊게 인식시키는 그 어떤 교육보다 중요한 현장 교육'이라고 하는 이야기를 들으면서 한국에서 어떻게든 실현해 보

| 경기도지사 이재명

고 싶었다. 하지만 현실은 쉽지 않았다. 선진국형 모델 도입을 통해 대한민국이 선진화될 수 있도록 노력해 준 이 지사에게 감사를 전한다. 경기도를 넘어 전국으로 확산되길 바란다"라고 밝혔다.

이재명은 경기도지사 시절에 코로나19가 전파되자 2020년 2월 25일 경기도 과천시 별양상가2로 제일쇼핑 4층에 있는 신천지 총회본부를 직접 방문해 신천지 총회본부 쪽에 신도 명단 제출을 요구했다. 역학조사관 2명, 경기도 특별사법경찰단의 디지털 포렌식 전문가 2명 등 관계 공무원 40여 명을 보내 신도 명단 확보를 위한 강제 역학조사에 나섰다. 신천지 총회본부 쪽이 3시간이 지나도록 명단 제출을 하지 않고 버티는 바람에 조사가 이뤄지지 않았다. 하지만 끝내 3만 3,562명의 명단을 받아 냈고, 예배에 참석한 신자 9,930명의 명단도 확보했다. 이에 경기도는 예배 참석자가 신도 명단과 상당 부분 겹칠 것으로 추정하고 역학조사를 실시했다.

코로나19 장기화 속에 재난지원금 지급 카드를 꺼내 전국으로 확산시킨 것도 경기도지사 재임 중 가장 손꼽히는 성과다. '부자 퍼주기'라는 비판에도 경기도는 2020년 4월과 2021년 2월 도민 1인당 10만 원과 20만 원씩 재난기본소득을 지급했다. 여권 내부와 중앙정부의 우려도 있었지만, 뚝심 있게 밀어 붙여 '이재명표 복지'의 상징으로 평가받았다.

이재명은 관련 사실에 대해 "코로나19 피해는 정도의 차이가 있을 뿐 모든 국민이 겪고 있다. K-방역 역시 모든 국민의 적극적 협조와 희생으로 이루어냈다. 함께 고통 받으면서 정부의 방역 조치에 적극 협력하고 무거운 짐을 나누었던 모든 국민들이 고루 보상받아야 한다"라고 강조했다.

Point 경기도지사 주요 공약

· 도민 청원제 도입 및 청원 게시판 운영
· SNS 소통관제 경기도정으로 확대, 행정공보 공개 강화
· 블록체인 기술을 활용한 도민 참여 온라인 플랫폼 구축
· 방과 후 돌봄사업 강화, 국공립보육시설 확충 및 보육환경 개선
· 초등학생 치과주치의, 공공산후조리원 설립, 치매안심마을 확대
· 생애 최초 청년 국민연금지원, 군복무 청년상해보험 가입
· 친환경 무상급식 확대 및 GMO 표시제로 소비자 알권리 보장
· 공공임대주택 공급 확대 및 도시재생사업 지원, 경기교통공사 설립
· 특별사법경찰관 확대, 방법 CCTV 설치 및 시민순찰대 운영
· 공공 일자리 창출 확대, 경력단절여성 및 실버인력 취업지원 강화
· 경기청년공간 운영, 어르신 소일거리 확대, 생활 임금 지원
· 노동자 권익센터 운영
· 지역화폐로 골목상권 활성화, 사회적 기업 활성화 및 위탁사업 확대

서울 발전 5대 공약

이재명 후보는 대통령이 된다면, 대한민국의 수도 서울을 미국의 국제도시 뉴욕, 영국의 수도 런던과 나란한 위치에서 글로벌 대전환 시대를 선도해 나가는 도시로 만들겠다며 5대 공약을 발표해 관심을 모았다. 그 골자는 이렇다.

첫째, 세계적 경제 수도, 창업의 글로벌 허브.
둘째, 문화·관광 및 전시·컨벤션 중심 도시
셋째, 청년과 서민의 주거 안정 실현
넷째, 강북과 강남이 함께 발전하는 서울
다섯째, 탄소중립 생태도시

그는 "서울에는 삼국시대와 조선시대의 역사 문화가 숨 쉬고 있다. 서울은 한강의 기적으로 산업화의 문을 열고 광화문의 촛불로 민주주의를 꽃피운 자랑스러운 대한민국의 심장이다. 이런 서울을 한 단계 더 높이 도약하도록 하겠다. 지난 100년 동안은 뉴욕과 런던이 세계 경제·문화 산업의 중심이었지만, 앞으로의 100년은 서울이 이들 도시와 나란한 위치에서 글로벌 대전환의 시대를 선도해 나가도록 만들겠다."며 서울 5대 공약을 발표했다.

'서울 5대 공약'을 발표하는 그의 목소리는 생기가 넘쳤고, 그의 표정은 결연했다.

존경하는 서울시민 여러분! 사랑하는 당원동지 여러분!

더불어민주당 대통령 경선 후보 이재명 인사드린다.

대한민국의 수도 서울에는 삼국시대와 조선시대의 역사 문화가 숨 쉬고 있다. 서울은 한강의 기적으로 산업화의 문을 열고 광화문의 촛불로 민주주의를 꽃피운 자랑스러운 대한민국의 심장이다.

이제 서울이 한 단계 더 높이 도약하도록 하겠다. 지난 100년 동안은 뉴욕과 런던이 세계 경제·문화 산업의 중심이었지만, 앞으로의 100년은 서울이 이들 도시와 나란한 위치에서 글로벌 대전환의 시대를 선도해 나가도록 만들겠다.

이재명은 서울을 세계에서 가장 경제적 역동성이 넘치고 문화적 다양성과 창조성이 융합되며 쾌적한 생활환경을 갖춘 곳으로 발돋움시킬 것이다. 위기를 기회로 만들어온 실력으로 서울의 변화와 재도약을 반드시 이뤄내겠다.

대전환의 시대, 글로벌 경제·문화를 선도하는 서울을 위한 이 재명의 서울 5대 공약을 말씀드리겠다.

첫째, 서울을 세계적 경제 수도이자 금융·R&D·창업의 글로벌 허브로 만들겠다. 세계적 금융기업과 기업 연구소 등을 유치하여 서울이 대한민국을 넘어 세계의 경제 수도가 되도록 하겠다.

이를 위해 범정부 국제금융 유치단을 구성하여 국제금융 자본과 인재가 서울로 모여들게 하고 여의도를 글로벌 금융 중심지로 조성하겠다.

서울에 집중된 대학을 활용하여 캠퍼스 타운을 조성하는 등 서울을 4차 산업혁명을 이끌어갈 창업 친화도시가 되도록 지원하여 유수의 인재들과 세계 혁신가들이 마음껏 역량을 펼치도록 하겠다.

아울러 국회가 세종으로 이전할 경우, 국회의사당 부지를 청년 과학·창업 클러스터로 조성하는 방안도 검토하겠다.

마곡과 구로·금천 G밸리는 첨단 정보통신기술(ICT), 양재 지역은 인공지능(AI), 홍릉과 창동·상계 지역은 바이오, 성수·마포 지역은 소셜 벤처 및 기술창업 중심의 클러스터로 육성하여 서울이 세계적 R&D와 창업 허브가 되도록 하겠다.

둘째, 서울을 문화·관광 및 전시·컨벤션 중심지로 만들겠다.

가수 BTS, 영화 기생충, 드라마 오징어 게임으로 상징되는 한류 문화는 이제 세계 문화의 중심이다. 한류 문화를 더욱 도약시키기 위해 상암 DMC에 VR·AR 센터 건립 등을 지원해 방송 문화 콘텐츠 산업을 발전시키겠다. 강남의 K-POP 인프라를 확대하고, 도봉에 위치하는 K-POP 전용극장 서울 아레나를 조기에 완공하겠다.

종로 역사문화 관광의 부가가치를 높이고 메타버스 등을 통해 서울의 문화를 세계화하겠다.

코엑스와 잠실종합운동장 일대의 국제교류 복합지구를 중심으로 전시·컨벤션 산업(MICE)을 육성하여, 국제 업무, 스포츠, 엔터테인먼트가 융합된 세계 최고 수준의 비즈니스·관광 도시 서울을 만들겠다.

셋째, 청년과 서민의 주거 안정을 실현하겠다. 먼저 문재인 정부의 서울 주택 32만 가구 공급계획을 흔들림 없이 추진하겠다. 도심지 재건축·재개발, 역세권 복합 개발의 사업성과 공공성을 강화해 민간 분양 주택도 충분히 공급하겠다. 청년·신혼부부·무주택자 등 주거약자가 서울의 좋은 입지에서 합리적인 임대료로 30년 이상 장기 거주할 수 있도록 하겠다. 철도차량기지 등 국유지를 활용하여 분양형(토지임대부, 지분적립형) 기본 주택도 충분히 공급하겠다.

넷째, 강북과 강남이 함께 발전하는 서울을 만들겠다. 강북 발전을 가로막고 있는 지하철 1호선 지상 구간(서울역~온수역, 청량리역 ~도봉역)을 지하화하여 서울시민의 휴식공간과 일터로 만들겠다.

강남 복판을 가로지르는 서울 경부고속도로도 지하화하겠다. 한남대교 남단부터 양재까지의 구간을 지하화하여 상습 정체 구간의 교통난을 획기적으로 개선하는 방안을 검토하겠다.

김포공항 인근 지역은 국내 항공 물류 산업 클러스터 등을 통해 서울 서남권 경제 발전의 거점이 될 수 있도록 지원하겠다.

다섯째, 탄소중립 생태도시 서울을 만들겠다. 전 지구적 기후 위기 속에서 탄소중립은 이제 생존의 문제이다. 도시형 재생 에너지 생산과 AI 등 첨단기술을 활용한 에너지 효율화를 통해 서울을 일과 생활이 조화를 이루는 지속 가능한 도시 모델로 만들어야 한다. 용산 국가공원은 뉴욕의 센트럴파크에 버금가는 자연 속 휴식과 문화의 공간으로 조성하겠다.

공공 분야부터 민간 영역까지 서울에 제로 에너지 건물(ZEB)이 들어서도록 지원하겠다. 전기·수소차 확대를 위해 전기와 수소 충전 인프라도 증설하겠다.

버스·택시 등 대중교통 수단을 전기·수소차로 바꾸고 자전거 등 1인용 모빌리티 인프라가 확충되도록 지원하겠다. 배달 이륜차는 2030년까지 전기 이륜차로 전면 전환하겠다.

존경하는 서울시민 여러분!

70년 전 서울을 상기해 보면, 당시 서울은 그야말로 전쟁의 폐허 도시에 지나지 않았다. 그러나 그로부터 채 한 세기도 흐르지 않은 지금, 우리의 서울은 뉴욕·런던·파리·도쿄와 같이 세계가 주목하는 도시로 발전했다. 앞으로의 서울은 그래서 더욱 기대된다.

누군가의 미래는 현재의 거울에 비춰진 그의 과거이다. 그동안 지킬 수 있는 것만 약속했고 약속은 꼭 지켰다.

오늘 여러분께 드린 약속도 95%가 넘는 공약 이행률이 말해 주듯이 오직 성과로 능력을 증명해 온 이재명이 반드시 실천하겠다.

주권자께서 위임한 권한을 오직 주권자를 위해 사용하는 사람, 지키기 위해 약속하고 한 번 한 약속은 반드시 지켜내는 사람, 길이 없으면 길을 내는 사람에게 일을 맡기면 정말로 서울시민의 삶이 달라진다는 것을 보여드리겠다.

글로벌 경제·문화 수도로 도약하는 서울, 모든 시민이 더불어 행복을 누리는 서울, 시민 여러분께서 꿈꾸는 서울을 현실로 만들어 드리겠다.

글로벌 경제·문화 수도, 서울! 이재명은 합니다!

제20대 대선 여당 후보로 선출

이재명은 2021년 7월 1일 "국민을 가르치는 '지도자'가 아닌 주권자를 대리하는 일꾼으로서 저 높은 곳이 아니라 국민 곁에 있겠다"며 대선 도전을 공식 선언했다.

그는 영상을 통해 출마 선언을 하면서 "자랑스러운 김대중, 노무현, 문재인 정부의 토대 위에 필요한 것은 더하고, 부족한 것은 채우며, 잘못은 고쳐 더 유능한 4기 민주당 정권, 더 새로운 이재명 정부로 국민 앞에 서겠다. 위기의 원인은 불공정과 양극화에 있다. 공정성 확보, 불평등과 양극화 완화, 복지확충에 더해 경제적 기본권이 보장돼 모두가 최소한의 경제적 풍요를 누리는 사회여야 지속적 성장과 국민의 더 나은 삶이 가능하다."고 천명했다.

'대한민국은 민주공화국이다'라는 헌법 제1조를 읽으면서 시작한 출마 선언에는 공정이 7번, 불공정이 6번, 성장이 11번이나 등장했다.

민주당 경선 마지막 날인 2021년 10월 10일 종합 71만 9,905표를 득표하며 누적 50.29%을 기록해 39.14%를 얻은 이낙연 후보를 누르고 더불어민주당의 제20대 대통령 선거 후보로 확정된 것이다.

Point 제20대 대선 주요 공약

- 전환적 공정 성장으로 대전환 위기를 도약의 기회로
- 기본소득으로 경제 발전과 분배 정의의 기반 마련
- 기본 주택 공급 및 부동산 안정화 실현
- 기본 대출 시행으로 금융기본권 보장 및 포용적 금융제도 실현
- 여성이 불안하지 않은 나라, 청년에게 희망을 주는 나라

도전의 명수

총합 누적 득표율

이재명 50.29%

이낙연 39.14%

추미애 9.01%

박용진 1.55%

더불어민주당 20대 대선 후보 결선 투표의 총합 누적 득표율 결과다. 이재명 경기도도지사가 50.29%로 1위를 차지하며 더불어민주당 대통령 후보로 확정되고, 기대했던 이낙연 전 대표는 총

합 39.14%를 얻으면서 대선의 꿈을 이루지 못했다. 추미애 전 법무부 장관은 총합 9.01%, 박용진 의원은 총합 1.55%로 민주당 대선 경선 일정이 모두 마무리, 막을 내렸다.

다만 이재명은 경기도지사를 사퇴하지 않고 도지사 직을 유지한 채 여당의 대선 후보 경합을 치러 잡음을 일으켰지만, 선거법을 위반한 것이 아니라 그만큼 유리한 입장에서 선두를 달려왔다, 소년공 노동자 출신으로 대통령 도전 꿈의 1차 관문을 통과한 것이다. 이재명은 2021년 9월 4일 처음 시작된 더불어민주당 20대 대선 후보 대전·충남 경선 이후 광주·전남을 제외한 모든 곳에서 1등을 차지하며 대세론을 형성했다. 하지만 10월 10일 발표된 3차 국민·일반당원 선거인단 투표에서는 이낙연 민주당 전 대표가 62.37%의 압도적 득표율을 올리면서 28.30%를 기록한 이재명 도지사를 크게 앞질렀다.

민주당 공식 대선 후보가 된 이재명 경기도지사는 공식 후보 수락 연설에서 이번 대선을 "부패 기득권과의 최후 대첩"이라고 규정하며 목소리를 높였다. 특히 "토건 세력과 유착한 정치 세력의 부패 비리를 반드시 뿌리 뽑겠다. 대통령으로 당선되면 즉시 강력한 '부동산 대개혁'으로 부동산 불로소득 공화국이라는 오명을 없애겠다"라고 밝혔다.

또한 "김구 선생의 일념, 김대중 대통령의 신념, 노무현 대통령의 열정, 문재인 대통령의 마음으로 정치에 임하겠다"라며 민주당 정통성을 강조, 지지자들로부터 뜨거운 박수갈채를 받았다.

'도전의 명수'로 떠오른 정치인 이재명의 선거 이력은 2006년 경기 성남시장 도전에서부터 시작되었다. 첫 출마에서 고배를 마신 그는 2008년 성남 분당갑 국회의원 선거에서도 연거푸 떨어졌다. 칩거하면서 와신상담하고 또다시 성남시장에 도전한 그는 2010년 성남시장으로 당선되며 화려하게 부활하고, 2014년 재선에도 거뜬히 성공했다.

그때 기초단체장으로 정치인의 첫걸음을 내디뎠지만 그는 무상교복, 청년배당, 산후조리 지원, 무상교육 지원과 같은 무상 복지정책을 펼치면서 전국적으로 이목을 끌었다.

소년공의 정치 꿈은 날개를 달고 2017년 대선 도전을 선언하며 민주당 경선에 뛰어들었다. 그러나 결과는 기대 이하였다. 총합 득표율 문재인 57.0%, 안희정 21.5%, 이재명 21.2%, 최성 0.3%. 문재인 당시 후보, 안희정 당시 후보에 이어 '2등 같은 3등'을 했다는 평가를 받았다. 2018년 경기도지사에 도전해 당선된 이재명은 '기본소득'을 자신의 브랜드로 내세우며 논쟁의 중심으로 다시금 뛰어들었다.

지금의 민주당 대선 후보가 된 '이재명의 정치 도전사'는 2015

년 성남시장 시절과 2020년 경기도지사 시절 언론과의 인터뷰에 그대로 담겨 있다. 과거의 인터뷰이지만 여전히 흥미롭고도 유효한 점이 많다.

2015년 성남시장 시절 이재명 민주당 대선 후보는 언론 인터뷰에서 자신을 "변방 사또" "새싹도 못 된 사람"이라고 표현했지만, 그로부터 6년이 지난 뒤에도 집권여당의 대선 주자가 되면서 도전사를 계속 이어갔다. 앞으로도 정치 지면의 주요한 한 축을 장식할 '이재명의 도전사'는 흥밋거리가 될 수밖에 없다. 그의 도전사는 정치인 이재명을 이해하는 텍스트라는 점에서 그렇다.

| 더불어민주당 선대위에서 연설하는 이재명

흙수저의 정치 행보

이재명의 특기는 "위기의 순간마다 놀라운 추진력을 발휘하고, 좌충우돌·불안정 속에서도 기선을 잡는다"는 것이다. 그는 "대선 후보 선출 과정에서 불거졌던 불미스러운 일들은 다 털어버리고 4기 민주정부 창출을 위해 다 함께 뛰자"라며 결의를 다졌다.

집권 여당의 대선 후보가 되기까지 우여곡절을 겪은 그는 지나온 성장 과정과 정치이력 역시 평범하지 않았다. 가난한 시절을 지나 대표적인 '흙수저'로 불리는 그는 '억강부약(抑强扶弱 ; 강자를 누르고 약자를 도움)'을 정치 철학으로 내세우는 정치인으로 성장했다. 무상복지, 청년 기본소득 역시 이런 경험에 뿌리를 둔 것이다.

흙수저에서 변호사, 그리고 대선 후보까지 그가 걸어온 인생 여정은 한편의 '인생 드라마'보다 더 드라마 같다.

변호사가 된 뒤에 시민운동을 하다가 열을 받고 2005년 정치에 입문한 그는 이듬해 성남시장 선거와 2008년 총선에서 모두 낙선했다. 본격적인 제도권 정치에 발을 들여놓은 건 2010년 성남시장 당선 때부터다. 2017년에는 대선 경선에 나와 문재인 대통령에 패했고 2018년 경기도지사에 출마해 당선됐다. 이때부터 줄곧 차기 대권주자로 주목을 받아온 그는 '기본 시리즈'를 자신의 트레이드마크로 내세웠다. 이는 기본소득·기본주택·기본금융 등 3가지가 중심축이다.

먼저 기본소득은 이전 정부는 물론 '소득주도성장'으로 대표되는 문재인 정부에서도 시도되지 않았던 급진적 정책으로 꼽힌다. 그가 대통령이 된다면 임기 안에 전 국민에게 1인당 연 100만 원, 19~29세 청년에게는 연 200만 원씩 소멸성 지역화폐로 지급하겠다는 것이 주요 내용이다.

여기에 들어갈 돈은 무려 50조 원 이상인데, 필요한 재원은 재정구조 개혁 및 예산 절감으로 25조 원을 마련하고, 조세감면분 축소로 25조 원, 국토보유세와 탄소세 도입 등으로 마련하겠다는 구상이다.

두 번째로 기본주택은 무주택자 누구나 건설원가 수준의 저렴한 임대료로 30년 이상 살 수 있도록 한다는 공약도 있다. 임기 안에 공급되는 250만호 중 40% 가량인 100만호가 이러한 기본주택으로 공급될 예정이다.

세 번째로 기본금융은 전 국민에게 10~20년 장기로 최대 1,000만 원까지 마이너스 통장 형태의 기본대출을 해주는 한편, 일반예금보다 금리가 높고 한도는 500~1,000만 원 수준인 기본저축 제도를 도입한다는 내용을 담고 있다.

'전환적 공정성장'이라는 경제정책 기조의 아래 소득·주택·금융 부문에서 경제적 기본권을 보장함으로써 양극화 해소와 경제 활성화라는 두 마리 토끼를 동시에 잡겠다는 것이 이 후보 생각이지만, '기본 시리즈' 자체가 꼭 필요한지는 뒤로 하더라도 참으로 기발한 발상이다. 벌써부터 실효성과 현실성을 놓고 우려와 논란이 일고 있기 때문이다.

실제 불평등 해소에 도움이 되는가? 그리고 막대한 재원이 예상대로 마련될 수 있을까? 대규모 증세를 초래하지 않을까? 등 여러 가지 문제를 내포하고 있어, 앞으로 본선 무대에서 날선 검증에 노출될 것으로 여겨진다. 당내에서도 친문계 의원들 사이에서 "국가정책으로 시행하기에는 무리하고 위험하다"는 반론이 떠돌고, 당론이 될 수 없다는 말까지 나와 갈등과 반발이 예상된다.

그러나 위기 순간마다 강한 추진력을 발휘해 '사이다 정치인'이라는 평가를 받고 있는 만큼, 앞으로도 파격적이고 시원한 행보로 장애를 헤쳐 나갈지 주목된다. 정치적 유리와 불리를 가리지 않는 모습이 자칫 좌충우돌이나 불안정이라는 이미지로도 비춰진다면 거침없는 대선 행보에 새로운 불씨가 될 수도 있다.

평화경제 중심지의 프로젝트

이재명 후보는 경기도지사 시절, "경기도는 어머니 같은 곳이다. 한반도의 평화경제 중심과 첨단산업과 반도체 허브로 키워가겠다"고 강조했다. 이 선언은 대통령이 되어도 마찬가지라는 생각이다.

그는 경기도의회에서 열린 경기지역 공약 발표 및 기자간담회에서 "경기도는 대한민국 최대 규모의 지방정부이자 명실상부한 대한민국 경제의 중심이다. 다가오는 디지털 전환 시대, 탄소중립 시대에도 대한민국의 지속 가능한 경제성장을 주도해야 하는 막중한 책임과 사명을 안고 있다. 분단국가를 넘어 유라시아로 나아가는 한반도 평화 시대의 중추적 역할도 담당해야 한다"고 밝혔다.

이를 달성하기 위한 5대 공약으로 ▶경기북부 평화경제 기반 확충 ▶경기북부와 접경지역 간선 교통망 확충 ▶자연과 사람이 공존하는 새로운 경기 동부권 ▶첨단산업과 반도체 허브 경기 남부권 ▶더 촘촘한 수도권 광역교통 네트워크 구축 등을 꼽았다. 이와 함께 경기도 내 지하철 등 교통망 확충과 경기 동·남·북 권역 발전 방안도 내놓았다.

특히 공약 발표에 앞서 "초등학교 졸업 이후부터 한평생 삶의 터전이 되어준 경기도는 소년공 이재명을 인권변호사와 시민운동가로 키워준 어머니와 같은 존재"라며 각별한 애정을 드러냈다.

경기 북부권에 평화경제 기반을 확충하는 방안으로 "미군 반환 공여지를 국가 주도로 개발을 추진하고 공여지 주변 지역에 대한 지원도 확대하겠다. 통일경제특구법 제정을 적극 지원해 남북 경제협력의 새로운 모델을 만들고 접경지역을 대륙으로 진출하는 첨단산업 단지로 만들겠다. 판문점을 DMZ 관광의 거점으로 활성화하고 DMZ를 생태평화지구로 조성하겠다. 휴전 이후 닫혀 있는 한강 하구의 생태 자원 등에 대한 남북공동 조사도 추진하겠다"고 덧붙였다.

국가의 제1 의무는 안보

이재명은 더불어민주당 대선 후보로 선출된 뒤 첫 일정으로 국립대전현충원을 찾았다. 국가 안보와 지역 균형 발전을 강조한 이 후보는 "더 낮은 자세로 최선을 다하겠다"라고 말했다.

이 후보는 이날 오전 9시34분쯤 국립대전현충원에 도착해 현충탑을 참배하며 민주당 대선 후보로서 첫 일정을 시작한 것이다. 그는 현충문 앞에 마련된 방명록에 "선열의 고귀한 희생에 성장하는 공정사회로 보답하겠습니다. 2021.10.11. 더불어민주당 대통령 후보 이재명"이라는 글을 남겼다.

참배를 마치고 기자들과 만나 첫 일정으로 대전현충원을 방문한 의미에 대해 "국가의 제1 의무는 국가공동체를 지키는 안보이다. 당연히 국가공동체를 위해 희생한 분들에게 가장 먼저 인사드리는 게 도리라 생각한다."면서 대선 후보로서의 첫 마디로 국가안보를 강조한 것이다.

"현충원이 여러 곳에 위치해 있긴 하지만 그래도 이곳은 대한민국의 정말 중요한 과제라 할 수 있는 형평성과 공정성 측면에서 충청 지역에 위치하고 있다. 서울현충원도 중요한데 대전현충원으로 선택한 면이 있다는 것을 이해해 달라"며 미소를 지었다.

"우리가 앞으로 가야 할 가장 중요한 길은 공정사회이다. 사람과 사람 사이에도 공정해야 하겠지만 지역과 지역 간에도 불균형 없는 균형 잡힌 나라가 우리나라의 미래 발전을 가능하게 한다."라고 강조했다.

이 후보는 "언제나 말씀드리는 것처럼 정치는 정치인들이 하는 것 같지만 실제로는 국민이 한다. 정치는 물 위에 떠 있는 배와 같다. 왕조 시대에도 왕은 백성을 두려워했다. 더군다나 1인 1표의 국민주권국가에서 정치는 국민들께서 하시는 거다. 국민들의 뜻을 주권자의 의지를 잘 따라가고 파악할 수 있도록 앞으로 더 낮은 자세로 최선을 다하겠다."라고 말했다.

이재명 후보는 거침없는 대권 행보로 발걸음을 빠르게 움직인다. 그는 경기 고양시 킨텍스에서 열린 '2021 DMZ(비무장지대) 포럼' 기조연설에서 대북전단 살포 행위를 '범죄'로 규정하면서 개성공단 재개 등 남북 협력을 강조했다. 그는 "DMZ를 평화의 공간으로 만들기 위해 남북접경지역 주민의 안전을 확실하게 보장하는 것이 그 첫 출발이다. 대북전단 살포는 접경지역의 군사적 긴장을 유발하고 국민의 생명과 안전을 위협하는 것과 동시에 평화를 훼손하는 범죄 행위"라고 비판한 것이다.

미국 조 바이든 행정부 출범 이후에도 회복 기미가 보이지 않는 남북관계에 대해서는 "남북 간 신뢰가 떨어지고 대화가 끊긴 상태가 지속되면서 언제라도 불시에 급격히 긴장이 고조될 수 있다. 긴장과 갈등 고조를 막는 최선의 방법은 소통과 협력"이라고 언급했다. 남북 간 기존 합의의 철저한 이행과 개성공단 재개가 소통과 협력의 시작이라고 주장했다.

"대북전단 살포는 평화를 훼손하는 범죄 행위"라고 규정하고 개성공단 재개 필요성도 강조한 그의 발언은 비록 경기도 연례행사에서 한 발언이지만, 대권 행보와 맞물려 사실상의 대북정책 방향 중 일부를 언급한 것으로 보는 시각도 있다.

루스벨트 리더십 추구

그의 측근은 "이 후보가 최근 프랭클린 루스벨트 전 미국 대통령의 저서《온 아워 웨이》를 매우 감명 깊게 읽었다"고 전했다. 이 책은 루스벨트 대통령이 경제 대공황의 늪에 빠진 미국을 '뉴딜 정책'으로 건져내기 위해 펼친 국정운영 과정을 담고 있다. 대통령의 강한 리더십이 코로나19 위기 극복과 신산업시대 선도를 위해 필수불가결하다는 생각을 이 후보가 가지고 있음을 엿볼 수 있는 대목이다.

캠프 관계자는 "이 후보는 법이 허용하는 한도 내에서 공무원의 권한을 최대한 활용해 업무를 추진해야 한다는 생각을 가지고 있다"고 전했다.

지난 7월 발표한 대선 출마 공식선언 영상도 사실상 루스벨트 대통령의 '노변정담'을 '보이는 라디오' 형식으로 촬영한 것이다. 위기의 시대에는 정부의 적극적이고 강력한 정책이 뒷받침돼야 한다는 이 후보의 생각이 고스란히 담긴 연출이었던 셈이다.

그는 "신속히 탈탄소 사회로 전환해야 한다"고 강조했다. 기후위기 대응을 위해 신속히 탈탄소, 저탄소 사회로 전환해야 한다고 밝힌 것은 세계적 흐름에 따른 것이기도 하지만, 대선주자 가운데 기후 이슈를 선점하는 전략을 보인 것이다.

그가 자신의 페이스북에 '기후 위기, 좌고우면하면 늦습니다'라는 제목의 글에서 "유럽연합(EU)이 수입품에 탄소 가격을 부과하는 '탄소 국경세' 도입 계획을 발표했다. 앞으로 우리나라처럼 탄소를 많이 사용하는 고(高) 에너지 소비사회에서 생산되는 제품은 더 이상 경쟁력을 가질 수 없다"며 자신의 주장을 밝힌 것이다.

유럽연합 집행위원회는 다른 나라에서 생산한 제품이 들어올 경우 관내 제품과 같은 환경비용을 물리는 '탄소 국경세(CBAM)' 도입을 공식화했다. 이로써 우리나라 수출에서 큰 비중을 차지하는 철강, 자동차, 조선 등 고탄소 배출 산업의 부담이 커질 것을 우려하는 목소리가 커지고 있다.

이런 흐름 속에서 그는 "우리 산업의 큰 위기다. 현재 우리나라가 생산하는 재생에너지로는 삼성전자가 쓸 수 있는 만큼도 되지 않는다. 이 위기를 기회로 만들어야 한다. 신속히 탈탄소, 저탄소생산 사회로 전환해야 한다. 정부와 산업 전반의 혁신적인 노력이 필요하다. 재생에너지 산업용 전력망, 수소 공급망 확충 등 대대적인 인프라 구축에 나서야 한다. 탄소세 도입도 적극 검토해야 한다. 기후 위기 대응과 에너지 대전을 통합적으로 추진하고 관리할 정부 기구도 필요하다. 반 발자국 늦으면 뒤처지지만 반 발자

국민 앞서가면 세계를 선도할 수 있다. 저탄소 사회로의 전환, 탄소세 도입, 쉽지 않은 길이다. 용기와 결단, 강력한 추진력이 필요하다"고 강조했다.

무효표 처리로 홍역

이재명 후보는 여당 대선 후보를 선출하는 3차 경선 때 이른바 '무효표 처리' 문제를 홍역을 치렀다. 그로 인해 당내 갈등이 한 때 일어나고 파급 확산되는 분위기를 맞았다.

경선 후 이낙연 전 대표 측이 표 계산 방식에 공식적으로 이의를 제기하면서 결선 투표를 정식으로 요구하자 이 후보 측은 사실상의 '경선 불복'이라며 이를 일축하면서 양측 간에 위험 수위를 넘나드는 공방이 계속된 것이다. 송영길 당대표가 이재명 후보 선출을 재확인하면서 수면 아래로 사그라졌지만, 사태가 완전 봉합된 것은 아니다.

이런 가운데 이재명 후보는 인천지역 공약으로 ▶경인철도·경인고속도로 지하화 ▶바이오산업(글로벌 백신 허브), 항공정비산업(MRO), 수소 클러스터 육성 등 경제 재도약 ▶수도권매립지 갈등과 영흥석탄발전소 전환 등 해묵은 현안 해결 ▶인천 내항 재생사업과 제2 의료원 등 공공의료 인프라 확충 ▶서해남북평화도로 건설 등 남북교류·국제협력의 관문 등을 주요 공약으로 내세웠다.

한편으로는 페이스북에서 "국책연구기관이 특정 집단의 이익을 옹호하고 정치에 개입하는 것이라면 이는 보호해야 할 학자도 연구도 아니며, 청산해야 할 적폐일 뿐"이라고 한국조세재정연구원을 비판해 분란을 자초했다.

이는 경기도 국정감사에서 한국조세재정연구원이 지역화폐의 효과에 대해 문제 제기를 한 보고서를 둘러싸고 벌어진 일인데, "논란이 일어난 것에 대해 물의를 일으켜 죄송하다. 지역화폐가 소상공인 지원이라는 목표에도 불구하고, 실제로 모든 소상공인이 아닌 일부 업종에만 혜택이 집중된 문제점을 지적한 것이며, 보고서에 인용한 자료가 통계 분석의 기초 요건으로서 부족하다고 생각하지 않는다."고 하면서 이재명 후보의 비판에는 동의할 수 없다.는 입장을 밝힌 때문이다.

문제는 조세연의 연구보고서는 "시작단계부터 지역화폐를 아예 열등한 것으로 명시한다. 가치중립적, 과학적으로 시작해야 할 실증 연구의 기본을 어긴 것으로 연구 윤리까지 의심받을 수 있는 사안"이라고 한 것이다. 더구나 아무 효과가 없는데 문재인 정부의 기재부가 2019년부터 지역화폐 지원을 계속 늘려 내년도에 2조 원에 가까운 예산을 투입해 지역화폐 발행을 15조 원까지 늘릴

리가 없다, 지역화폐 확대로 매출 타격을 입는 유통 대기업과 카드사 보호 목적 가능성, 그리고 정치 개입 가능성이 있다. 지역화폐가 활성화될수록 유통 대기업과 카드사 매출이 악영향을 받는 점, 경제 기득권을 옹호하는 보수언론이 집중적으로 지역화폐를 폄훼하는 점 등 8가지를 그 이유로 들었다.

이에 대해 이재명 후보는 '얼빠진 국책연구기관'이라는 글을 페이스북에 올렸고, 다음날엔 "얼빠진 게 아니라면 '미완의 연구를 왜 최종연구 결과인 것처럼 발표했는지' 등 4가지 질문에 답하라"며 몰아붙였다.

용광로 캠프의 사람들

제20대 대통령 선거에 도전하는 민주당 대선 후보로 선출된 이재명 후보는 청와대로 들어가기 위해 선거본부를 꾸렸다. 여기에는 어떤 사람들이 모였을까?

이른바 '열린 캠프'는 이재명의 사람들을 총동원했다. '용광로 선대위'로 불리는 이곳에는 송영길 당 대표 등 당 조직이 참여하고, 이낙연 캠프 등 다른 후보 측 인사들이 참여하면서 캠프가 당 차원으로 확대되어 활발하게 움직이고 있다. 다만 패배한 다른 후보들의 추스르는 시간을 배려해 선대위가 확대되기까지는 경선 이후 한 달 정도의 시간이 흘렀다.

그는 경선 때 활약한 '열린 캠프'에 모인 '이재명의 사람들'을 그대로 끌어안고 간다. 지난 2017년 대선부터 지켜왔던 정성호·김영진·김병욱·임종성 의원을 비롯해 초선 국회의원인 김남국·문진석 의원과 이규민 전 의원을 포함한 7인회와 성남시·경기도를 거치며 이 후보와 오래 함께 한 경기도 출신 인사들을 중심이 되고 있다. 이들은 대선 선거전에는 물론이고, 선거 후에도 핵심적인 역할을 진행할 수밖에 없다.

여기에다가 조정식 의원 등 이해찬 계와 우원식 의원 등 고(故) 김근태 보건복지부 장관 계파인 민주평화국민연대(민평련)을 중심으로 전재수 의원 등 부산 친문 핵심 일부, 고(故) 박원순 전 서울시장 계 등도 캠프에 협력하고 있다.

선거대책위원회에는 우원식·변재일 의원이, 총괄선거대책본부에는 조정식·박주민 의원이, 후보 비서실에서는 박홍근 의원과, 경기도 출신 핵심 측근으로 알려진 정진상 전 경기도 정책실장과 천준호 의원이 함께 뛴다. 수행실장은 김남국 의원이다.

핵심 조직 중 하나인 상황실에는 김영진·권인숙·문진석·위성곤·이원택 의원이 뛰지만, 김영진 의원이 중심을 잡고 움직인다.

공보 분야에선 수석 대변인에 박찬대 의원, 선임 대변인에 박성준·홍정민 의원이 맡았고 대변인실에는 전용기 의원, 최지은 부산 북구·강서구 을 지역위원장, 남영희 인천 동구·미추홀구 을 지역위원장, 김남준 경기도 언론비서관, 현근택 전 더불어민주당 부대변인, 권지웅 더불어민주당 청년미래 TF 위원, 이경 전 더불어민주당 부대변인, 민병선 전 경기도 보도특보 등이 활약한다.

정책본부에는 윤후덕 의원, 박순성 전 민주정책연구원장과 서왕진 전 서울연구원장이 들어와 있다. 정책조정단에는 최배근 건국대 교수, 공보단에는 한민수 전 국회 공보수석비서관, 전략실에는 민형배 의원이 업무를 진행한다.

그러나 캠프의 핵심들은 '용광로'의 활성화를 위해 수시로 교체될 가능성이 많다. 어떤 역할을 맡지 않고 뒤로 후퇴해 후에 합류되는 다른 캠프 인사들을 배려하면서 이른바 궂은일을 한다는 입장이기 때문이다. 후보의 정책과 철학을 공유하는 핵심 측근들이 캠프의 뒷선으로 물러서면 캠프의 기강과 중심이 잡히지 않을 것이라는 우려도 있다.

이재명 캠프 핵심인사는 "이재명 지지자들 사이에서 이재명 후보를 오래 지켜온 이들이 핵심에서 빠지면 캠프에 중심이 잡히지 않을 것이라는 불만의 목소리도 나오고 있다. 지난 번 문재인 후보 캠프는 당과 거의 성격을 같이 했으니 상관이 없었지만, 이번 이재명 후보는 다소 상황이 다르니 기존 캠프를 중심으로 해야 할 것 같다"는 말도 내비쳤다.

다만 선대위는 통합, 개방, 포용, 미래 등을 주요 콘셉트로 당 안팎을 광범위하게 아우르는 형태로 가동 중이다. 내부적으로는 원 팀을 구성하는 동시에 당 밖에서도 다양한 인사들을 끌어들여 미래 비전을 제시하는 데 주력하고 있다.

이재명 캠프 측은 "새로운 대한민국을 준비하는 각 분야 전문가 1,800명으로 구성된 '세상을 바꾸는 정책 2022'가 더불어민주당과 민주진영 전체의 단합과 결집을 위해 경선 과정에 참여한 모든 후보의 공약들과 현장의 목소리를 빠짐없이 잘 챙겨서, 실행 가능한 정책을 개발하는 데에 최선을 다하겠다"고 이미 밝힌 일이 있다. 이 후보 측은 기존 캠프는 최대한 기득권을 내려놓고 합류를 설득하겠다는 방침이다.

한때 이재명 캠프 총괄특보단장을 맡았던 안민석 의원은 BBS 라디오에서 "초기에 결합했던 7명 의원부터 스스로 내려놓아야 한다는 결의를 했다. 나머지 캠프에서 중책을 맡았던 분들도 스스로를 비우고 좋은 분들을 모셔서 채우자고 했다"고 전했다.

III

공정과 정의

03 공정과 정의

공정한 세상 만들기

"대한민국 플랫폼 선장으로서, 대한민국 국민의 지도자로서, 국제사회에서 두각을 나타내는 대한민국 대통령으로서 민주당 이재명 후보가 큰일을 해낼 것이다."

이재명 후보가 대선가도에서 밝힌 말이다.

영국의 파이낸셜타임스는 "이재명은 한국의 버니 샌더스"라고 비유했다. 미 버몬트주 상원의원인 샌더스는 '최저임금 2배 인상', '공립대학 등록금 면제' 등 파격적인 주장으로 유명하다. 2020년 미 민주당 대선 후보 경선에 참여해서 돌풍을 일으켰던 버니 샌더스는 출마당시 지지율은 3%에 불과했다. 미국 민주당 뉴

햄프서 프라이머리(예비선거)에서는 버니 샌더스 상원의원이 피트 부티지지 전 인디애나 사우스벤드 시장을 제치고 승리했다. 당시 버니 샌더스 돌풍의 이유로 CNN이나 워싱턴포스트는 "불평등 해소를 주장하며 민심과 눈을 맞추는 정치를 하기 때문"이라고 분석했다.

2015년 당시, 버니 샌더스는 "부자 상위 14명의 재산이 2년간 1,570억 달러(약 188조 원) 늘었는데, 이는 하위 계층 40%가 2년간 벌어들인 소득보다 많다"고 주장했다. 그는 "소수에게 편중된 부를 중산층과 빈곤층에 분배하고 99%를 위한 세상을 만들겠다."고 열변을 토했고, 이에 대중들은 환호하면서 버니 샌더스 신드롬의 주역이 된 정치인이다.

파이낸셜타임스는 이재명 후보가 "공격적인 복지 지출과 저렴한 공공주택, 서민층을 위한 저리 대출 등으로 인기가 높다"고 홍보했다. 특히 이재명 후보의 대표 공약인 '기본소득'에 주목했다. "이 후보의 정책이 실제로 실행된다면 모든 한국인은 처음에 연간 100만 원(약 840달러)을 받고, 이후 이 금액은 계속 높아져 종국에는 매월 50만 원(420달러)에 이르게 될 것이다."고 전망했다.

이재명 후보는 자신이 대통령이 된다면, "임기 내에 19~29세 청년에게 연 200만 원, 그 외 전 국민에게 연 100만 원의 기본소득을 지역화폐로 지급한다."는 구상을 밝혔다.

한 언론은 이재명 성남시장과 버니 샌더스의 공통점을 4가지로 압축했다.

첫째, 기득권 권력과 맞서고 있다. 이 시장은 대한민국에서 부와 권력을 독점한 세력들과 타협하지 않고 투쟁한다.

둘째, 국민들의 참여를 강력하게 요구한다. 변화를 이끌어내기 위해서는 국민의 행동이 필요함을 역설한다. '이재명과 십만 대군'이라는 자신의 SNS 지지층도 폭넓게 형성돼 있다. '손가락 혁명군'이라는 지지 세력은 쉴 새 없이 SNS를 통해 이재명 시장을 홍보하는 데 앞장선다. 그래서 그의 별칭은 'SNS 대통령'이다.

셋째, 풀뿌리 조직들의 지원을 받는다. 국민이 가진 권리를 알려줘 정치 참여를 권장하고 지지 세력으로 흡수한다.

넷째, 이재명은 세상을 바꾸고 있다. 성남이라는 한국의 작은 도시의 성공 모델을 전국적으로 확산시켜 세상을 바꾸기 위해서 노력한다. 이재명은 중앙정부와 경기도의 반대에도 불구하고 청년배당·무상교복·산후조리지원 등 3대 복지사업을 강행했다. 이른바 '이재명 3대 무상복지 패키지'로 커다란 주목을 받았다.

이재명 후보는 국회 행정안전위원회의 경기도 국정감사에서 "누구나 인간다운 최소한의 삶을 누릴 수 있도록 '경제적 기본권'

을 확대해 가야 한다. 경기도는 2019년부터 청년기본소득을 전면 시행하고 있다. 코로나19 위기 극복을 위해 세 차례 재난기본소득을 지급해 전통시장과 골목상권의 회복을 이끌었다, 지역화폐와 결합한 기본소득은 4차 산업혁명 시대 새로운 정책대안으로도 자리 잡고 있다. 기본소득, 기본금융, 기본주택을 통해 헌법에 명시된 주권자의 권리인 경제적 기본권을 강화하겠다"고 주장한다.

노벨경제학상을 수상한 교수들도 기본소득과 최저임금의 정당성을 실증적 연구로 뒷받침했다. 2021년 노벨 경제학상은 미국 카드·앵그리스트·임벤스 교수가 공동 수상했다. 카드는 노동경제학에 경험적 기여를 했고, 앵그리스트·임벤스는 인과관계 분석 방법론으로 경제학 연구에 공헌했다. 이들은 정교한 실증 연구와 방법론으로 기존 연구를 뒤엎었다.

통념을 거부한 실증적 방법론과 과학적 태도의 승리이기도 하다. 휘도 임벤스 미 스탠퍼드대 교수는 "기본소득이 근로 의욕에 큰 영향 없다"는 점을 실증적 연구로 증명했다. 매년 1만 5,000 달러(월 150만 원)를 받은 이들 500명은 노동에 큰 영향이 없었다. 그러나 매년 8만 달러(월 800만 원)를 받은 이들 500명은 일을 덜하면서 장기적으로는 수입이 줄었다.

기본소득은 월 150만 원 받은 이들과 관계가 깊다. 데이비드 카드 미 캘리포니아 주립대 버클리 교수는 "최저임금 인상으로 고용총량이 줄지 않음"을 증명했다. 최저임금 인상이 고용총량을 줄인다는 통념을 뒤집은 연구로 논쟁을 촉발시켰다.

최저임금을 올린 뉴저지주와 올리지 않은 펜실베이니아주를 비교했더니 임금 인상으로 고용이 줄었다는 증거를 발견하지 못했다. 쿠바 이민자가 대거 유입된 마이애미주에서는 임금이 하락하거나 현지인 고용이 줄지 않았다는 사실이 드러났다.

자본주의 경제는 일자리가 핵심이다. 인공지능 시대 일자리, 기후 변화, 남북 통합이 서로 연결되어 있다. 4차 산업혁명 시대, 코로나19 팬데믹으로 인해 비대면, 무인화 시대가 열리기 시작했다. 더불어 저성장과 일자리 감소, 불평등과 양극화가 가속화 되는 시대를 맞았다.

기후 변화가 극심해지면서 우리 사회는 극도로 불확실한 미래시대가 다가오고 있다. 대한민국처럼 소득 불평등이 망국적 수준에 도달한 사회에서, 최소한의 인간 존엄을 지켜줄 차기 정부의 대표적인 정책에 관심을 가질 수밖에 없다. 그건 어떤 정책일까? 답은 간단하다. 바로 '기본소득'이라는 것이다.

문제는 따로 있다. 토지에서 발생하는 불로소득이 기본소득의 재원이 돼야 한다는 얘기이다. 이재명의 경제 브레인들은 "기본소득은 재정민주주의"라고 말한다. 증세 없이도 기본소득 재원을 마련할 수 있다는 말이다. 2019년 기준, 토지보유세 실효세율은 0.17%이다. 평균 0.5% 올리면 1인당 연 65만 원 기본소득 지급이 가능하다는 주장이다.

땅 1평도 없는 소득하위 40%에 해당하는 국민들은 부담 없이 연 65만 원을 받을 수 있다. 소득하위 95%까지는 내는 것보다 받는 것이 더 많기 때문에 조세 저항이 없게 된다. 소득 상위 5%가 많이 부담하는 것이다. 그들은 지나치게 토지를 많이 소유하고 있기 때문이다.

이재명 후보는 "이재명은 일한다"는 것을 트레이드마크로 내걸고 있는 정치인이다. 성남시장, 경기도지사 시절 '기본소득'을 공격적인 보편적 복지정책으로 내세워 어려운 여건에서도 훌륭하게 실행하였다.

그는 "지속적으로 우리 사회 전반에 침투한 부정부패 청산, 신자유주의에 함몰된 저성장과 경제 불평등 해소, 혁신적인 교육정책을 국민들에게 제시하고 뚝심 있게 추진하는 모습을 보여주면, 나라의 미래를 걱정하는 국민들의 열렬한 지지를 받게 될 것"이라는 자심감에 넘쳐 있다. 이러한 능력과 정책적 성과를 바탕으로 삼아 민주당 이재명 후보가 차기 대한민국을 훌륭하게 이끌어 갈 것이라며 국민들에게 보다 가까이 다가서고 있는 것이다.

개혁의 최대 기회

더불어민주당 대선 후보 이재명이 차기 대통령에 당선된다면 압도적인 민주개혁 세력과 함께 문재인 정부가 못다 이룬 완전한 친일·독재 청산과 검찰·언론·재벌 개혁 등을 신속하고도 완벽하게 이뤄낼 수 있는 역사적 찬스를 맞게 된다. "2022년부터 2024년은 정조대왕 이래 최대의 개혁을 이루어낼 수 있는 역사적 기회를 얻게 된다"는 자신감에 넘쳐 있다.

그는 광주 전남 전북 특별 기자회견에서 자신의 청사진을 이미 밝혔다. 그 줄거리는 이렇다.

차기 대통령은 집권 초기를 역사상 가장 강력한 민주개혁 국회와 함께 한다. 대통령이 된다면 신속한 적폐 청산을 거대 여당과 함께 실현하겠다. 이번 대선은 기득권 적폐 세력과의 마지막 승부다. 공정과 정의를 가장한 가짜 보수, 대한민국을 촛불혁명 이전으로 되돌리려는 국정농단 세력이 완전히 사라지느냐? 부활하느냐? 하는 역사적 대회전이 기다리고 있다.

개혁에 저항하며 부당한 이익을 지키려는 기득권의 강고하고 집요한 저항은 상상을 초월한다. 위기 시대 격변의 파고를 관리형 리더로는 넘을 수 없다. 위기 시대 대통령은 철학과 비전이 뚜렷하고,

기득권을 두려워하지 않는 용기와 강력한 추진력을 갖춰야 한다.

기득권 집단의 집요한 로비와 압박에 이어, 가짜뉴스로 음해하고, 없는 죄를 만들어 씌우고, 심지어 가족까지 해체시키며 방해했다. 기득권과 맞서려면 생계와 정치생명을 거는 용기가 필요했다. 지금까지 32년간 경찰, 검찰, 국정원, 보수 언론과 숱하게 부딪혔다. 있는 죄는 덮어 버리고 없는 죄를 만드는 무소불위 검찰은 시도 때도 없이 이재명의 모든 것을 털었다.

이재명은 일을 할 줄 안다. 국민이 맡긴 권한을 제대로 사용하고, 공직자들이 국민을 위해 스스로 일하게 하는 방법을 안다. 지도자가 누구냐에 따라 만들어 내는 결과는 하늘과 땅 차이가 된다. 나는 어딘가에, 누군가에, 무엇인가에 기대는 대통령이 되고 싶지 않다. 오로지 더 새로운 길을 가는 비전으로, 실적에서 증명된 실력만으로 국민께 인정받겠다. 성남시를 바꾸고 경기도를 바꾼 것처럼 지역을 바꾸고, 국민의 삶을 바꾸고, 대한민국의 위상을 바꿔놓겠다.

그는 말했다. "왜 이재명인가?"라고 묻는다면 "실행력이다"라고 대답한다. 실행력은 그의 가장 큰 특징이다. 그는 약속을 지키는 사람, 말이 아니라 행동을 하는 정치인, 한다면 하고야마는 사람으로 이미 평가가 나와 있다.

"공직생활 11년 동안 이런 것들을 지키는 데 최선을 다 했다. 공약 이행률이 유난히 높은 이유는 할 수 있는 것만 약속하고 실행한 결과이다. 불가능하거나 애매한 공약은 안 한다. 그러니 공약 이행률이 90% 이상으로 높아졌다. 거기에 나의 실천력이 실제 이 나라를 지금보다 더 나은 나라로 만들 것이라는 국민적 기대가 있다. 그렇게 할 자신이 있다."

Point 정조대왕

정조(1752~1800년)는 조선 제22대 왕으로 1776년부터 25년 동안 나라를 다스렸다. 왕실 도서관이자 학술, 정책 연구 기관인 규장각 설치, 탕평책 실시, 왕권 강화, 사회 개혁, 문물 정비를 했다. 서얼(서자) 등용, 교육제도 개선, 상업 자유화, 상공업 진흥, 농업과 광산업 장려, 비리 척결, 실학 중시, 서적 편찬, 문예 부흥, 수원화성 축조 등 조선 후기 개혁과 대통합을 실현한 임금이다.

밝은 사회 설계와 구상

이재명은 밝은 사회 설계도를 공정교육에서 찾고 있다. 교육이 바로 서야 밝은 사회, 공정한 국가를 이룩할 수 있다고 강조한다. 그는 밝은 사회를 만들기 위한 교육정책에 대해 어떤 생각을 하고 있을까? 대선 후보로 선출된 그의 교육철학과 교육정책 공약의 토대는 무엇일까? 그 뿌리는 대체로 '공정교육론'에 담겨 있다.

'공정교육론'은 "교육에서 경쟁은 야만이다"라는 독일 철학자 아도르노의 말을 인용한 것으로, 이목을 끌고 있다. 치열한 경쟁 속에 하루하루 살아가는 학생과 학부모, 교사 모두에게 "행복한가? 이대로 가도 괜찮은가?"라고 묻는다.

교육계에서는 능력주의에 따른 차별이 정당화되는 사회적 분위기를 경계해야 한다는 지적이 나온다. 학교 안에서도 학업 성적을 기준으로 하는 서열과 능력주의가 자리 잡았다는 목소리가 높다.

경쟁에 따른 서열과 능력주의가 뿌리내리고 있는 현실, 그대로 가서는 안 된다는 생각이다. 그럼 어떻게 해야 하는가? 누구를 위한 경쟁이고, 누구를 위한 교육인가? 나라의 미래는 청소년에게 달려 있고, 청소년의 미래는 교육이 좌우한다. 정말 그런가?

교육이란 무엇인가? 교육은 이래야 한다, 저래야 한다고 저마다 주장한다. 어떤 주장을 하기 전에 기본적으로 교육의 뜻을 바로 인식해야 한다. 표준국어대사전에는 교육의 뜻을 '지식과 기술 따위를 가르치며 인격, 사람의 품격을 길러 주는 것'이라고 설명하고 있다. 엣센스 국어사전에는 '교육 ; 가르치어 기름, 지식을 줌. 심신의 모든 성능(性能)을 발육시킬 목적으로 일정한 방법에 의하여 일정한 기간 동안 계속하여 미치는 영향, 그 주체로 보아서 가정교육, 학교교육, 사회교육 등이 있다.'라고 명시하고 있다.

그렇다면 지금 우리 사회의 교육은 어떤 품격을 가진 사람을 길러 내고 있는가?

혼자서는 살아갈 수 없는 인간은 학교를 통해 사회구성원으로서의 삶을 이어갈 기초교육을 받는다. 대중 속에서 살아가기 위해 필요한 규칙과 배려를 배우며 그 과정에서 인간은 누구나 동등하며 어떠한 이유로 차별하고 소외시키는 것은 하지 말아야 할 것이라고 배운다.

지금의 교육이 정말로 차별과 소외를 지양하고 있을까? 학교마다 학급별로 학생들의 성적 서열을 매겨 놓고 이를 바탕으로 순위를 적용한다.

실제로 학교 교육 현장에서는 성적순이 존재하면서 "경쟁은 반드시 서열을 만든다. 서열은 다시 배제와 차별과 소외를 정당화한다. 이렇게 배제와 차별과 소외를 먹고 자라는 경쟁과 서열은 결국에는 혐오를 부추기고 당연한 것처럼 여긴다."라고 말한다. 그뿐만 아니다. 성적순은 어쩔 수 없다고 한다. 지식을 가르치는 교육활동이지만 모두가 똑같을 수 없기 때문에 성적 순위를 무시할수도 없다는 말이다. 다만 사회적 성취를 이룰 수 있는 다양한 길을 만들어 가야 하기 때문에 교육의 어려움이 있다고 말한다.

아도르노는 공정교육론에서 말했다.

"분명 모두가 행복한 삶을 꿈꾸는데 그 꿈을 모두가 이룰 수 없고, 모두가 행복하지 못한 현실이 오늘의 환경이다. 그런 현상은 오늘을 넘어 미래에게 마찬가지일 것이다. 국가와 사회의 미래가 될 학생들에게 무엇을 담아 줘야 하는가? 교육의 목적이 무엇인지 다시 한 번 생각해야 할 때이다."

부모의 사회·경제적 지위가 자녀에게 대물림 되는 것을 막기 위해서는 학생들의 진로가 가능한 한 일찍 결정돼야 한다고 주장하는 학자들이 있다. 부모의 경제력이 자녀에게 영향을 미치는 것은 피할 수 없는 일이지만, 물리적인 시간을 단축해야 한다는 것은 사실이다.

최소한의 경쟁은 어쩔 수 없지만, 경쟁 교육은 야만이라고 한다. 과연 그럴까? 좋은 학교, 일류대학은 모두 입학 정원이 있고 경쟁률이 치열해서 누구나 들어갈 수 없다. 그런 학교를 나오면 좋은 직장에 들어갈 수 있다는 확률이 높기 때문이다.

1960~1970년대에는 주요 도시마다 시험을 치르고 들어가는 명문 중·고교가 있었다. 현재 고등학교 3학년 학생의 진로 결정 시점이 초등학교 6학년 혹은 중학교 3학년으로 앞당겨지면 부모가 자녀 교육에 개입하는 시간이 지금보다 3~6년 감소해 가난한 집 아이들이 꿈을 접는 일도 줄어들 것이라고 말하는 사람들도 있다.

개인의 진로 결정은 국가 차원에서 보면 인재 선발이다. 학생들의 진로 결정 시기가 빨라지면 삶의 만족도가 올라가고 사회의 인재 활용 측면에서도 효과적일 수 있다. 시인이 될 사람이 수학 미적분 문제를 풀기 위해 골머리를 앓거나 불필요한 과목 공부에 시간을 낭비할 이유가 사라지기 때문이다.

중학교 무시험 진학 제도가 도입되기 전에는 일류 중학교에 진학하기 위해 과외 열풍이 거세게 불었다. 이름 있는 중학교에 들어가면 계층 상승의 사다리를 탈 수 있다고 여긴 탓이다.

노무현 정부 시절 교육부는 사람들이 가장 선망하는 직업은 법조인이나 의사라고 보았다. 그래서 법조인이나 의사를 걸러내는 교육기관의 입학시험을 대학 졸업 또는 예정자가 치르도록 하는 정책을 내놓았다. 법학전문대학원과 의·치의학전문대학원 제도가 그것이다.

전문대학원 입학 경쟁은 육체적 정신적으로 성숙한 대학생들이 자기 판단과 선택에 따라 하는 것이어서 초등학생이나 중학생이 부모 강요로 억지 공부를 하는 것과는 다르다. 부모 입장에서도 자녀에 대한 책임과 부담을 덜 수 있다. 전문대학원 제도가 안착되면 서울대 법대와 의대를 정점으로 하는 대학·학과 서열화도 약해지고, 우리 사회의 고질인 학벌의 폐해도 줄어들 것이라고 기대했던 것이다.

공정한 교육 경쟁 체제를 만든다는 명목으로 정부는 그동안 수도 없이 입시 제도를 바꾸었다. 입학사정관제, 학생부종합전형, 수능절대평가 등이 입시에서 부모의 영향력을 차단하자는 취지였다.

핵심은 '있는 집' 학생이나 '없는 집' 학생 모두에게 똑같은 교육 기회를 주고, 그들의 경쟁 무대를 기울어짐 없이 평평하게 만드는 것이다. 그것이 바로 개천에서 용이 나게 하는 것이고, 끊어진 교육 사다리를 복원하는 길이라는 것이다. 하지만 제대로 지켜지지 않고 있다.

공정한 평가라고 인식되는 대학수학능력시험에 대비하여 매일 기계처럼 반복해서 문제풀이 기술을 가르치는 학교가 제대로 된 교육기관의 역할을 하고 있는지 스스로 돌아봐야 한다.

그런 모순을 바로 잡겠다는 생각이다. 대입제도, 고교서열화,

교육과정, 입시 비리 등을 통해 다각도로 풀어내겠다는 것이다. 그런 생각을 가진 이재명 후보의 교육정책을 뒷받침하는 사람들이 '공정교육론'을 설계하고 있다.

Point 아도르노(1903~1969년)

아도르노 박사는 독일의 사회학자, 철학자로, 비판이론의 1세대를 대표하는 학자였다. 고교 때 헤겔. 칸트. 쇼펜하우어 등의 철학 서적을 섭렵하였고, 프랑크푸르트대학에서는 철학. 사회학. 심리학을 공부했고, 음악이론과 작곡에도 뛰어난 재질을 보였다. 히틀러의 박해를 피해 1934년에 영국 옥스퍼드대학을 거쳐 1938년에 미국으로 망명하였다가, 1953년 독일로 돌아와 정착하였다. 심장마비로 사망할 때까지 철학. 사회학. 음악학. 문학. 미학 등에 탁월한 업적을 남겼다.

포퓰리즘으로 '보편복지' 실험

이재명이 코로나19 팬데믹 상황에서 모든 경기도민들에게 100% 재난지원금 지급을 처음 선언했을 때, 여기저기서 찬반 목소리와 함께 갈등이 이어졌다. 특히 100% 재난지원금을 심의 의결하고 처리해야 할 경기도의회 의원들은 찬성파와 반대파로 갈라지면서 성명을 발표하는 등 충돌하였다.

경기도의회는 당장 재난지원금을 심의해야 하는 상황이지만 "민주적 절차를 거치지 않았다"는 이유로 의견 조율이 쉽지 않아 난항으로 빠져들었다. 도의회 다수당인 민주당은 이를 해결하기 위한 긴급 의원총회까지 소집했지만, 해결책을 찾지 못하고 양쪽의 갈등만 확인한 채 끝내고 말았다. 이에 따라 경기도의회는 도민들에게 100% 재난지원금을 지급하기 위해 추경예산안을 마련해야 했다.

보편복지 주장은 과거부터 대표적인 포퓰리즘으로 여긴 것인데, 이재명표 100% 재난지원금으로 대표되는 '보편복지'에 대한 갈등은 어제 오늘의 일이 아니다. '정치적인 매표 행위'라는 비난을 받아왔기 때문이다. 민주당 경선 후보들조차 "경기도민 100% 재난지원금 지급 결정은 도지사 찬스이며, 매표 행위"라는 비판을 쏟아냈다.

그렇다면 재난지원금을 받는 경기도민들이 모두 여당 성향의 사람들일까? 그렇다고 볼 수는 없다. 따라서 경기도민 100% 재난지원금 지급이 매표는 아니라는 이야기다.

"부자들이 세금을 더 낸다, 똑같이 달라."는 요구가 빗발쳤다. 이재명도 이에 동의했다, 경기도민 100% 재난지원금 지급과 관련하여 모든 경기도민들은 재난지원금을 받을 권리가 있다는 것이다. 이 여론에 일반인들의 댓글이 무더기로 올라왔다. 언론에서 댓글 가운데 3,000여 개를 분석한 결과, "세금은 더 내면서 재난지원금 지급 대상에서 제외되는 사람들의 조세 저항이 큰 것으로 나타났다."고 밝혔다.

그때의 댓글 사례의 하나이다.

*세금 많이 낸 사람은 제외하고 준다는 건 이중 차별이다. 세금으로 재난지원금 받으면서 정작 세금 낸 사람들은 주지 말라는 게 얼마나 이기적인 거냐?

*선별은 기회도 불평등하고 과정도 불공정하며 결과도 정의롭지 못하다. 말도 안 된다.

*선별해서 줄 거라면 코로나 피해 업종 위주로 주는 게 맞고 88%에게나 줄 거면 전 국민 지급이 맞다.

추진력과 위기 돌파력이 강한 그는 '이재명은 합니다'라는 슬로건으로 지지층을 결집시키고 있다. 그 슬로건으로 재정 위기에 빠진 성남시를 구하고, 개혁 정치를 선보였다. 코로나 국면에선 경기도민에게 재난지원금을 전국 최초로 지원하는 발 빠른 행정으로 박수를 받았다. 그의 행정과 공약들도 기본소득, 기본대출, 기본주택 등 포퓰리즘이 가득하다.

| 코로나 긴급기자회견

Point 포퓰리즘(Populism)

대중주의(大衆主義) 이데올로기 정치철학으로서, '대중'과 '엘리트'를 동등하게 놓고 정치 및 사회 체제의 변화를 주장하는 수사법, 또는 그런 변화를 일컫는 말이다. 케임브리지 사전은 포퓰리즘을 "보통 사람들의 요구와 바람을 대변하려는 정치사상, 활동"이라고 정의한다. 포퓰리즘은 라틴어 '포풀루스(populus)'에서 유래된 말로, '인민', '민중', '대중'이라는 뜻이다. 따라서 포퓰리즘은 '대중주의', '민중주의'라고 말한다. 이는 '대중의 뜻을 따르는 정치 행태'라는 점에서 쉽게 부정적인 의미로만 보기 어려우며 민주주의도 포퓰리즘과 맥을 같이한다.

대장동 도시개발계획

이재명은 아무도 손대지 않는 일도 공익에 도움이 된다고 여겨지면 대담하게 추진했다. 그 가운데 하나가 성남시 대장동 일대의 도시개발계획 착수다. 한국토지주택공사(LH)도 손을 놓은 곳인데, 그가 일을 착수하면서 대장동의 인기가 하늘 높이 솟아올랐다.

이곳 개발 사업은 그가 성남시장으로 취임하기 석 달 전에 갑자기 LH가 대장동의 사업권을 포기하면서 비롯되었다. 모두가 군침을 흘리는 지역인데, LH가 포기했다는 말이 파다하게 나돌았다. 어림잡아도 수천억 원대가 넘는 개발 이익이 민간인 누군가에게 넘어가게 되었다는 소문이 파다했다. 문제는 LH와 토건 마피아의 협잡이라는 복잡함이 깔려 있었다.

시민들의 쾌적한 삶을 위해 남겨둔 땅, 시민의 공유자산인 그린벨트와 같은 보전녹지를 풀어서 그 이익을 토건 마피아들이 가로채려는 의도라고 판단한 그는 시장에 취임하자마자 팔을 걷어 올렸다.

"가당치도 않다. 성남시에서 다뤄야 한다."

참모들과 함께 머리를 맞대고 대장동 개발에서 생길 예상 이익과 그 이익을 환수할 방안을 찾는데 몰두했다. 예상 개발 이익은 어림잡아도 5,000억 원이 될 것으로 보였다. 성남시가 갚아야 할 부채의 70%에 달하는 엄청난 돈이다. 그 돈을 모리꾼들이 몽땅 가로채겠다는 것이다. 성남시 주변에 군침을 삼키는 모리꾼들이 맴돌았다.

개발 이익을 환수할 수 있는 방법을 다시 찾아보았다. 그 길은 간단했다. 공영 개발로 돌려놓자는 것이다. 그의 결심은 굳어졌지만, 참모들은 그를 말렸다. 말리는 이유는 이러했다.

"이미 손아귀에 들어왔다고 생각하고 있는 이 엄청난 이익을 빼앗으면 토건 마피아들이 가만히 있겠습니까? 그렇지 않아도 사방이 적인데 어떻게 감당하겠습니까?"

옳은 말이라 고민에 빠졌다. 이미 파크뷰 분양 특혜 사건으로 전례가 있었던 일이다. 그때보다 규모가 더 컸다. 변호사 시절에 파크뷰 분양 특혜 사건을 파헤쳤다가 누구보다 많은 적을 만들면서 엄청난 시련을 겪은 터였다. 그때 그에게 붙은 악명이 '검사 사칭' 전과자인데, 지금도 그의 어깨를 짓누르고 있다.

토건 마피아들도 이재명이 '불도저 꼴통'이라는 걸 잘 알고 있다. 그가 성남시장으로 당선될 것이라고 이미 파악하고 석 달 전에 서둘러 민영개발로 돌려놓은 것이다. 그들은 다시는 되돌려 놓을 수 없는 일, 불가역적인 조치라고 안심하고 있었다. 그때 분위기는 사실 그렇게 흘러갔다. 하지만 실상은 그게 아니었다. 이재명 성남시장은 토건 마피아들이 생각한 것보다도 훨씬 더 강도가 세고 겁도 없는 꼴통 기질을 여과 없이 드러내는 것이었다.

그도 사람이고 공인이라 여러 번 깊은 생각에 잠겼다. 차라리 못 본 것으로 하던가, 모르는 척하면 편할지 모른다는 생각도 했다. 골치 아픈 일에 손을 대느니, 차라리 성남시장의 일에나 집중할까 하는 생각도 해 보았다. 변명거리도 있었다. 그가 시장으로 취임하기 전에 이미 확정된 일이니 책임이 없다고 할 수도 있는 일이다. 며칠 동안 고민하다가 LH와 토건 마피아들이 엎어놓은 것을 되찾기로 작정했다. 여기서 새로운 전쟁이 시작되었다.

전쟁은 파크뷰 분양 특혜 사건 때처럼 회유, 협박, 음해와 공격을 퍼붓는 것으로 치달았다. 이번에도 예외 없이 가족까지 건드리면서 총공세를 펴는 것이다. 한 시민은 이런 말까지 했다.

"이번엔 나에게도 가스총 하나 사 줄 거죠?"

이재명은 지역의 기득권 세력과 토건 마피아를 상대로 힘겨운 전쟁을 폈다.

세계 역사상 손쉬운 전쟁은 그 어디에도 없었다. 기득권 세력은 이미 자기들이 만들어 놓은 엄청난 이권을 순순히 내놓을 턱이 없다. 파크뷰 분양 특혜 사건 때와는 비교할 수도 없는 태풍이 몰아쳤다. 끈질긴 회유와 로비, 협박과 타협이 줄을 이어 쏟아졌다. 그의 고향 안동 화전민 마을의 삼계초등학교 동기와 이미 세상을 떠난 아버지의 친구까지 찾아내 앞세우며 압박했다. 검은 유혹의 손길, 겁박의 발길이 끝없이 이어졌다. 그렇다고 물러설 이재명은 결코 아니다.

정작 어렵고 힘든 문제는 협박, 음해, 공격이 아니라, 성남시와 같은 자치단체는 직접 개발 사업을 할 수 없다는 조항이다. 생각도 못한 암초였다. 서울시나 경기도와 같은 광역자치단체는 서울주택도시공사(SH), 경기주택공사와 같은 산하의 개발기관을 통해서 할 수 있지만, 기초자치단체인 성남시에는 그런 기관이 없다는 것이다.

"뭐라고? 기초자치단체라고 개발기관을 만들지 못할 이유가 없지 않은가? 없으면 만들라." 그는 시장으로서 동원할 수 있는 모든 권한을 총동원했다. 시민들이 시장에게 준 권한은 시민을 위해서 쓰라고 한 것인 만큼 최대한 사용하라고 지시했다. 그러자 또 다른 비난과 협박이 쏟아졌다. 물러설 그도 아니다. 음해와 공격의 틈을 주지 않고 과감하게 추진했다.

마침내 LH와 토건 마피아, 토박이 기득권 세력이 엎어놓은 민간 개발을 공공 개발로 되찾는 발판을 구축했다. 멋진 한판승을 거둔 뒤에 되찾은 대장동 개발권을 성남시가 설립한 성남도시개발공사로 넘겼다.

이렇게 하여 성남시는 5,500억 원의 이익을 시민들에게 돌려주었다. 대단한 용단이었다. 기득권 세력이 차려 놓은 잔칫상을 이재명이 차지한 셈이다. 그와 동시에 대장동 민간개발사업의 비리도 만천하에 드러났다. 99억 원을 횡령해 뇌물로 사용한 대장동 민간 개발업자, 13억 8,000만 원의 뇌물을 받은 LH 본부장, 지역 국회의원의 동생, 변호사, 감정평가사, 저축은행 지점장 등 관련자들이 줄줄이 구속되고, 많은 혐의자가 법정으로 들어서는 사태를 맞았다.

드디어 2014년 1월 27일 극적인 보고서가 성남시민들 앞에 전달되었다.

"성남시장 이재명은 5,731억 원의 부채를 현금으로 갚고 모라토리엄을 졸업했다."

모라토리엄 선언 3년 6개월 만에 이뤄낸 보고서였다. 이로써 부패한 시장으로 낙인찍힌 전임 시장이 거덜 낸 성남시의 살림을 3년 6개월 만에 정상화시켰다. 성남시는 2013년도 안전행정부의 지방재정종합평가에서 우수기관으로 선정되어 기관 표창과 교부세를 인센티브로 받았다.

　전국의 244개 지방자치단체를 대상으로 재정 건전성, 재정 효율성 노력 등 3개 분야의 25개 지표로 평가하는 것이 지방재정 종합평가였다. 무상으로 퍼주기만 하는 포퓰리스트라는 공격과는 정반대의 성적표다. 시민들은 환호했지만 잔칫상을 빼앗긴 기득권 세력은 이를 북북 갈았다.

IV

권력과 특권

04 권력과 특권

대권을 향한 큰 걸음

이재명 후보는 경기도지사의 특권을 누리면서 차기 대통령 후보로 선출되는 행운을 따낸 정치인이다. 대선 후보 경선 과정에서 도지사를 사퇴하라는 압박을 무수히 받고도 뱃심 좋게 버티며 도지사 임무를 성실히 수행하고 여당의 대권 후보가 된 뒤 보름 만에 도지사 직을 사퇴했다.

더불어민주당 대선 후보인 이재명은 경기도지사 자리를 내놓기 전에 국립 대전현충원과 광주 국립 5·18민주묘지를 참배한 뒤, 경남 김해 봉하마을을 차례로 순방하며 대권 주자로서의 본격 행보를 이어갔다. 특히 김해시 진영읍 봉하마을 노무현 전 대통령

묘역을 참배한 그는 자신을 정치인으로 인도해 준 노무현 전 대통령을 추모하며 새로운 결의를 다지고 돌아와 경기도지사 직에서 물러나겠다는 결심을 굳혔다.

공직선거법상 대선 후보자의 공직 사퇴 시한은 대통령 선거 90일 전인 2021년 12월 9일이지만, 이보다 한 달 정도 앞당겨 사퇴한 것이다. 그는 10월 25일 오전 경기도청에서 퇴임 기자회견을 통해 경기도민에게 "선출직 지방자치단체장으로서 임기를 다 채우지 못하고 지사직을 중도에 사퇴하는 소회"를 밝히고, "지사직을 유지하면서 대선에 집중하기 어렵다는 민주당 지도부의 요청에 따라 법정 공직 사퇴 시한보다 앞당겨 지사직을 내려놓는다."고 말했다.

오후에는 마지막 간부회의를 주재한 뒤 도의회를 방문하는 일정을 마쳤다. 그는 2018년 6·13지방선거에서 경기도지사에 당선돼 그해 7월부터 3년 4개월째 지사직을 수행해왔다.

그는 경기도지사 선거에 출마하기 위해 2018년 3월 재선의 성남시장 직을 사퇴한 일이 있다. 이번엔 대통령이 되기 위해 도지사 자리를 중도에 내놓은 것이다. 그가 사퇴함으로써 남은 8개월 동안의 경기도청을 오병권 행정1부지사가 권한 대행으로 맡아 수행하고 있다.

그는 사실상 '대장동 특혜 의혹 청문회'처럼 펼쳐진 경기도 국정감사를 끝내고 본격적인 대선 준비에 착수했다. 대선 후보 출정식과도 같은 경기도지사 퇴임식 이전에 여러 가지 갈등과 의혹을 청산하려고 다짐했으나 상황은 다소 복잡하게 흘러갔다.

콘크리트 지지율

이재명 경기도지사의 지지율은 '먹방 악재에도 끄떡없다'는 콘크리트 같은 것으로 드러나면서 관심이 쏠리고 있다. 바로 '황교익 사태'라는 대형 악재에도 흔들리지 않는 모습을 보였기 때문이다. 그 배경은 무엇일까?

한국사회여론연구소(KSOI)가 TBS 의뢰로 전국 만 18세 이상 1017명을 대상으로 차기 대선 후보 적합도를 조사한 결과 이 후보는 26.8%를 기록했고, 리얼미터가 JTBC 의뢰로 1,004명에게 조사한 결과에서도 이 후보는 27.7%를 기록, 한 달 전보다 3.9%포인트 높아졌다. 또 여론조사공정이 데일리안 의뢰로 1,001명을 대상으로 조사한 결과도 26.9%로 나타나며 전주보다 0.5%포인트 올랐다.

사실 그를 둘러싸고 나쁜 여론들이 계속 이어진 가운데 나타난 결과라 여론조사가 엉터리 아니냐? 라는 말까지 떠돌았다. 맛 칼럼니스트 황교익 씨의 경기관광공사 사장 내정 논란, 이천 쿠팡

물류센터 화재 당시 먹방 논란 등 '도지사 리스크' 관련 악재들이 돌출하듯 쏟아진 변수 속에서도 지지율이 크게 흔들리지 않은 채 오히려 높아졌다는 것이 불가사의하다는 말이 나왔다.

이를 두고 여론조사 기관들은 "이재명 도지사에게는 쉽게 흔들리지 않는 '콘크리트 지지층'이 형성되어 있다"고 분석했다.

이 후보 캠프에서도 "25% 안팎의 흔들림 없는 지지층에 감사한다. 이 후보의 지지층은 그간 보여준 성과와 능력 등을 보고 현재 위기 상황을 극복할 적임자라고 판단한 것이기 때문에 쉽게 바뀌지 않을 것으로 본다"고 밝혔다.

한 관계자는 "이 후보의 지지자는 충성심이 강하고 위기라고 생각하면 더 결집하는 양상이 있다. 범여권에서 이 후보에 대한 지지를 철회하더라도 마땅한 대안을 찾지 못한 결과이기도 하다"며 긍정적인 평가를 내렸다. 더구나 "이 후보의 지지율이 높은 30대는 2017년 경선 때에도 그를 지지했던 20대들이다. 팬덤 성격의 강고한 지지층을 형성한 것"이라고 설명했다. 다만 "지지율 자체는 유지하지만 강도가 강하지는 않아서 콘크리트 지지층이라고까지 말하기는 어려울 수 있다"고 단서를 달았다.

이 후보의 대선 숙제는 추가 상승 동력을 얻어 더 많은 지지층을 확보하여 이른바 박스권이라는 한계를 벗어나는 일이다. 중도

세력까지도 포용해서 확장력을 키우고 대세론을 장악하는 일이 필요하다. 정치적 이슈나 정책 등에서 차별화된 실용주의적 접근을 강조하는 것도 대선을 향한 열쇠이다.

그는 언론 인터뷰에서도 "당이 추진하는 언론중재법과 관련해 경솔한 보도, 단순 오보, 사실에 기초한 악의적 의견도 제재할 이유가 없다. 그러나 고의적이고 악의적인 가짜뉴스는 엄중한 책임을 물어야 한다"고 강조했다.

한반도 평화 정책을 발표하는 자리에서도 "북한의 그릇된 관행과 태도에 대해서는 변화를 요구하겠다. 저자세라는 말을 듣지 않고 선도적 자세로 임하겠다"고 밝혔다.

정치적 성장과 후유증

국정감사장에서 쏟아낸 이재명 후보의 말을 놓고 "재치가 넘친다"와 "너무 교활하다"는 말들이 오갔다. 그가 국감장에서 보여준 피켓의 문구가 매우 이색적이었다.

돈 주무른 이 수괴
돈받은 자=범인
장물 나눈 자=도둑
경기도지사 이재명

이를 두고 "돈을 받고 장물을 나누도록 설계한 바로 이 후보 자신이 아닌가?" 하는 반론이 터졌다. 그때 이재명 경기지사는 유동규 전 성남도시개발공사 본부장의 대장동 개발 관련 뇌물 수수 의혹 등과 관련해 "지휘하고 있는 직원 일부가 오염돼서 부패에 관여한 것에 진심으로 사과드린다"고 밝혔다. 또 "집값 때문에 고통 받고 부동산 불로소득 때문에 일할 맛 안 나고 분노가 생긴 국민께 꼭 말씀드리고 싶다. 나름대로 노력했지만 100% 환수하지 못한 건 저의 부족함"이라고 사과했다.

그러자 "만일 대통령이 된 뒤 3년 후에도 이런 답변을 들게 된다면 어떡하나? 장관 중 일부가 오염돼서 부패에 관여한 것에 진심으로 사과드린다고 할 것인가? 고속도로를 건설한다고 했는데 도로포장이 빠진 것은 저의 부족함이라고 할 것인가?" 라는 말들이 이어졌다.

경기도지사가 더불어민주당 차기 대통령 후보로 선출된 것은 여야를 통틀어 처음이다. 지난 18대 대선 때의 일이다. 그때 서울특별시는 이명박 대통령을 배출했으나, 인구수가 서울보다 더 많은 경기도는 막판에 좌절했다.

경기도지사는 언제나 잠룡으로 분류돼온 탓일까? 늘 고배를 마셨던 경기도지사들. 그 가운데는 이인제, 손학규, 김문수 등 유력 정치인들이 있었다. 김문수 전 지사는 "경기도지사가 서울시청 광장보다도 언론 주목을 받지 못한다"고 말했다. 하지만 이재명 경기도지사가 그 한을 풀어내고자 뛰고 있다. 성남시장과 경기도지사 이력만으로 대선 후보가 된 것이다.

그는 성남시민과 경기도민을 위해 화끈한 행정을 펼쳤다. 중앙정치에 대해서도 뚜렷한 소신을 과감하게 밝혔다. 덕분에 사이다라는 별명까지 얻었다. 그의 말 한 마디에 가슴이 뻥 뚫린 것 같다고 느낀 국민들이 그를 전국구 정치인으로 들어올렸다. 그러나 그가 여당의 대통령 후보로 확정되는 과정에서 성남시와 경기도청은 엄청난 몸살을 앓았고, 그 후유증은 계속 이어지고 있다.

그는 대권 후보라면 당연히 국회의원 이력을 지녔던 전례를 뛰어넘었다. 여당의 당권도 잡았던 일이 없다. 성남시와 경기도에서 행정력을 인정받았다고 해도 전국에서 그대로 통할지는 의문이다. 지금 그의 과거 행정력이 검증을 받고 있다. 성남시 대장동 개발 사업 특혜 로비 의혹이 도마 위에 올라 있기 때문이다. 성남 도시개발공사를 비롯해 성남시청과 시장실까지 검찰의 압수수색을 받았다. 그 횟수가 무려 10여 차례에 이른다.

여당 대통령 후보를 배출하고도 후유증을 톡톡히 겪고 있는 셈이다. 앞으로도 수사 결과에 따라 어떤 바람이 몰아칠지는 아무도 모른다. 경기도청 역시 후유증이 만만찮다. 국회 국정감사에서도 거센 회오리바람이 불었다. 국감에 나선 행안위, 국토위를 포함해 관련된 상임위에서 요구한 자료를 모두 합치면 무려 2,500여 건에 이르렀다. 대통령 후보가 된 이재명을 둘러싸고 경기도청은 마치 청문회장이며 전쟁터처럼 변하고 말았다. 경기도청 국감은 이틀 만에 마쳤지만 이것으로 모든 것이 끝났다고 할 수는 없다.

대장동 개발 의혹과 관련해 당사들이 구속되거나 계속 소환당하고 있기 때문이다. 이 후보와는 관계없는 일들이라고 하지만, 수사가 진행되는 동안 해당 기관은 긴장감을 늦출 수 없다. 성남시와 경기도는 이 후보가 밟아온 대권가도의 징검다리에 불과했을까?

경기도는 한반도의 허리를 차지한 중심지역이다. 서울특별시를 한 가운데 품고, 인천광역시, 강원도, 충청남북도와 마주하고 한강과 임진강이 서쪽 바다 황해로 흐른다. 북쪽으로는 분단의 상처인 휴전전이 가로 놓여 있다.

고려, 조선 그리고 대한민국의 수도를 품고 있는 경기도, 옛날 마한의 땅이었다가 백제의 도읍지가 되고, 뒤에 신라의 땅이 되었으며, 고려 시대에 경기도라는 이름이 붙었다.

경기도지사는 해방 이후 1945년 8월 16일 미군정 치하에서 구자옥이 관선 초대 임시 도지사로 임명된 이래 2대는 미국 육군소령, 3대는 미국 육군중령, 4대는 미국 육군대령이 맡았고, 1946년 민선 도지사로 구자옥이 다시 취임하여 관선~민선 도지사를 선출하였으며, 36대 민선 도지사로 이재명이 경기도청을 이끌어왔다.

경기도지사를 두 번 이상 한 인물은 여태까지 김문수 단 한 명이다. 재선에 도전했던 인물은 김문수와 남경필 두 명 뿐인데 김문수는 재선에 성공한 반면, 남경필은 재선에 실패했다.

경기도는 지금까지는 대권 잠룡들의 무덤이라는 악평을 들었다. 인구가 2021년 현재 1,350만여 명으로 최대 인구 규모를 자랑하는 자치단체이지만 도지사는 서울특별시장에 비해서 위상이 다소 밀리는 편이다. 이는 수도라는 상징과 전통, 의전서열 등 대우의 차이에서 비롯된다.

이와 같은 중요성 때문에 역대 경기도지사들은 대부분 당선과 동시에 대권 주자로 분류된 경우가 많았다. 그러나 경기도지사 출신 대통령은 아직 없었고 본선에 출마한 경기도지사 출신은 제19대 대선까지 이인제 한 명밖에 없었다. 실제로 대선에서는 부진한 편이며, 대부분은 시간이 지나면서 잠룡으로 도태되는 운명을 맞았다.

도백들의 대권 출사표

제20대 대선을 앞두고 전국에서 출사표를 던졌던 '도백'(道伯, 도지사) 출신은 여야 합해 9명이나 되었다. 모두가 대선 주자가 되겠다고 나서면서 잠룡들의 대권 춘추전국시대를 연출했다. 이들은 저마다 행정 경험과 정무적 감각 등을 경쟁력으로 내세우며 대권 경쟁에 나섰다,

하지만 공정과 정의라는 시대정신을 앞세운 후보자는 고공행진을 하고, 정치적 경륜과 인지도가 높은 후보자는 스스로 순항하고 있다고 느낀다. 반면 대중적 인지도가 낮거나 한동안 주류 정치에서 벗어나 있던 사람들은 고전을 면치 못하고 있다.

대통령 자리는 오직 한 사람만이 오를 수 있는데 후보들은 저마다 대통령이 되겠다며 벼른다, 도백을 지낸 대선 후보들 가운데

흥미를 끌었던 사람은 여권 대선주자인 이재명 경기도지사와 전남도지사 출신인 이낙연 전 더불어민주당 대표의 대결이었다, 이재명 후보는 여유 있게 앞서 달리다가 최종 막판에서 대장동 천하대유 의혹에 휩싸이며 혼쭐이 났다. 그래도 종합 점수에서 앞서 여당의 대선 주자로 선출되었다.

유권자들은 이재명 후보를 높은 인지도와 공정이란 시대정신에 부합하는 인물로 꼽는다. 반면에 이낙연 후보는 높은 인지도와 풍부한 정치와 행정 경험이 많은 인물로 여긴다.

이런 가운데 야권에서는 경남도지사를 지낸 홍준표 국민의힘 의원이 검찰총장을 지낸 윤석열 후보와 당내 경합을 펼치고 여기에 제주도지사 출신의 원희룡 후보가 존재감을 드러내며 기회를 노렸다. 홍 의원은 정치적 경륜과 풍부한 행정 경험에다 인지도도 높다. 반면에 윤석열 전 검찰총장은 장모 유죄, 부인의 논문 표절 의혹 등 잇단 악재에 휩싸이면서 지지율이 하락하면서, 홍 부보와 시소게임을 펼쳤다. 야권의 경남도지사 출신인 김태호 국민의힘 의원도 비주류인 데다 인지도가 낮아 후발주자로 뒤처지고 말았다.

여권에서는 최문순 강원도지사, 양승조 충남도지사, 경남도지사를 거친 김두관 민주당 의원 등 여당 대선주자들은 낮은 인지도와 비주류라는 이유로 고전하다가 밀려났다. 또 다른 강원도지사 출신인 이광재 민주당 의원은 정세균 전 총리와 후보 단일화에서 패해 일찌감치 대권의 꿈을 접었다.

여권 대선주자 경선에서 후보가 된 이재명 경기도지사는 사이다 발언과 타고난 정치적 감각으로 대중에게 어필하고 있다. 이 지사는 경선 과정에서 발생한 악재로 여야의 집중 공격을 받았음에도 건재함을 보였다.

Point 대통령(大統領, President)

외국에 대하여 국가를 대표하는 국가의 원수이다. 행정부의 실질적인 권한을 갖는 경우와 형식적인 권한만을 가지는 경우가 있다. 대통령은 공화제 국가에서의 국가원수를 가리키는 용어인 반면 군주제(입헌군주제 포함) 국가에서의 국가원수는 군주이다.

대통령의 역할은 정부 형태에 따라 달라지며, 같은 정부 형태를 채택하더라도 나라마다 구체적인 권한과 의무, 임기 및 선출 방식 등 운용이 다르다. 대통령제에서 대통령은 국가원수 및 행정부 수반으로서 이중적 지위를 가지며 정치적 실권이 있는 반면, 의원내각제에서 대통령은 국가원수로서의 상징적 권한만 가진 존재이다.

대통령 제도의 시초는 미국이다. 세계 역사상 최초의 '대통령' 타이틀은 미국 초대 대통령인 조지 워싱턴이 가지고 있다.

개혁 꿈꾸는 변방의 투사

이재명은 성남 시장 시절에 스스로 '아웃사이더'라고 말했다. 산골 마을 '깡촌' 태생, 초등학교 졸업 직후부터 시작한 소년공 공장생활, 중고교 과정을 검정고시로 이어간 학력, 기득권층과 중앙정치에 대한 '대결 의식' 같은 이력이 아웃사이더 기질의 바탕이 된 것일까?

실제로 그에게는 산골 아저씨처럼 투박해 보이는 표정, 반항적이며 전투적인 이미지가 자연스럽게 여겨진다. 더불어민주당 중앙당에 대선 후보 경선 예비후보로 등록하기 전에 국립 서울현충원을 찾아갔을 때에도 김영삼·김대중 묘소만 참배하고 이승만·박정희 묘소엔 가지 않았다. 왜 그랬을까? 김영삼·김대중 두 분은 대통령인데, 뒤에 두 분은 대통령이 아니라는 말인가? 결국 편 가르기를 스스로 보여준 것은 아닐까?

그는《민주주의 꼬리를 잡아 몸통을 흔든다》라는 자신의 책 제목처럼, 늘 변방 투사의 정신으로 무장했고 논란의 중심에 외롭게 우뚝 있었다. 유년시절부터 성인이 된 이후까지 그를 사로잡은 것은 변방의식이었다. 그에게 변방은 버려지고 소외된 곳이 아니라 시민의 터전이자 중앙을 개혁하는 전진 기지이다. 그래서 성남 시장 자리는 개혁을 지향하는 '변방의 사또'라고 명명한 것이다.

작은 것에서 큰 것을 향해, 지역에서 중앙무대를 향해 도전하고 싶다는 포부를 품어왔다. 방송인 김미화와의 대담에서는 "바닥이 바뀌어야 진짜 바뀌는 것"이라고 주장했다. 우리 역사에서 적폐 청산은 늘 변방에서 시작됐다고 믿었다.

그는 과거 민주당 대선 후보군 가운데 문재인 전 대표를 '태평시대의 세종'으로, 안희정 충남도지사를 '변방에 파견 나온 고관대신'으로, 자신을 '변방 장수의 돌파력을 지닌 태종'으로 묘사했다. 스스로 난세의 영웅은 자처한 것이다. 신념에 찬 표현 아닌가.

그러나 그는 중앙 정치무대의 경험이 거의 없다. 장관도 국회의원도 해 본 적이 없다. 성남시장, 경기도지사가 유일한 관직이다. 때로는 그의 정치력 결핍을 드러내는 원인이 되기도 한다. 정치 지도자로서의 덕목과 자질을 훈련받지 못한 채 촛불과 광장 민심에 '무임승차'했다는 평가도 받았다. 하지만 그는 자신의 촛불을 들고 스스로를 밝혀왔다.

이제 그는 '4대 개혁 키워드'를 높이 들었다. 어떤 내용일까?

무수저
정동영의 그림자
종북 논란
보수주의자

'무(無)수저'

그는 경북 안동·영양·봉화의 꼭지점인 깊은 산골 화전민 마을에서 태어났다. 아버지가 초등학교 3학년 때 집을 나가는 바람에 어머니 혼자 산비탈 밭을 일구면서 7남매를 키웠다. 그의 표현에 따르면 '흙수저'가 아니라 '무수저' 출신이다.

"초등학교 출신의 소년공으로 공장을 떠돌던 아이에게 세련은 어쩌면 사치였는지도 모른다"고 스스로를 회고했다. '가벼움'을 자신의 정치철학으로 연결하면서 권력의 맛에 취하지 않기 위해, 권위적으로 지배하는 시장이 되지 않으려고 노력했다. "나는 심부름꾼이나 대리인, 편안하고 함부로 해도 괜찮은 그런 사람이 되려고 한다. 가벼움은 나의 전략이다. 주인인 주권자와의 소통을 위해서"라고 스스로를 변명했다.

그는 그가 다니던 성남시 중원구 상대원동 공단 내 오리엔트 시계공장에서 대권 도전을 선언했다. "어머니, 그 소년 노동자가 오늘 바로 그 참혹한 기억의 공장에서 대한민국 최초의 소년공 노동자 출신 대통령이 되려고 합니다"라며 단상에 모신 어머니 영정을 향해 큰절을 올리며 울먹였다.

'정동영의 그림자'

성남 시장 당선 이후 중앙과는 거리가 멀어졌다. 담을 쌓은 것도 아닌데 결과는 그렇게 변해 버렸다. 그에겐 중앙정치와 관련된 뒷이야기 '히든 스토리'가 하나 있다. 정동영(DY) 전 의원이 대통합민주신당 대선 후보였을 때의 일이다. 성남 시장을 꿈꾸던 그는 잠시 중앙당에 발을 디디면서 노무현 정부의 실세였던 정 의원과 인연을 맺었고 2007년 대선 국면에서 정동영을 따라 노무현 대통령의 열린우리당을 탈당했다.

현재 이 후보 주변에는 옛 DY계 인사들이 상당수 모여 있다. DY 대선캠프 선대본부장을 맡았던 문학진 전 의원, DY의 핵심 측근이었던 함효건 휴먼리서치 대표 등이 대표적이다. 미키루크 이상호도 최근까지 이 후보를 도왔다. 친문 진영에서 이 후보를 곱지 않은 시선으로 바라보는 데에는 그런 기류가 흐른다.

'종북 논란'

이 후보를 괴롭히는 꼬리표 가운데 하나가 종북 논란이다. 그는 군 복무 기간 10개월 단축 공약, 미국에 의존하지 않는 한·미 관계와 자주적 균형외교론 설파, 한·미 양국의 고고도미사일방어체계(THAAD, 사드) 한반도 배치 결정 재협상론 제기 등 외교·안보와 관련된 급진적 주장을 폈다. 이는 그에게 종북 논란을 씌우는 소재들이다. 재야·시민사회 일각에서는 주사파 혁명론과 민족해방(NL) 이론으로 무장한 구 통진당 인맥과 경기동부연합 운동권 세력이 그와 연결되어 있다고 주장한다. 그는 "나는 북한 체제를 추종하는 정신병자가 아니다"라고 강력하게 부정한다. 자신에 대한 종북몰이는 법적 대응으로 단호하게 척결하겠다는 각오다.

'보수주의자'

《이재명, 대한민국 혁명하라》에서 "우리의 헌법과 법질서, 상식과 도덕이 통하는 나라를 만드는 것이 가장 중요한 과제다. 나를 중도보수로 보는 게 맞다. 재벌이든, 대통령이든 죄를 지으면 처벌받는 것을 보여주는 게 법치주의의 구현이며 진짜 보수의 역할"이라고 밝혔다.

그는 중앙정부가 후원하는 '대한민국 CEO 경영대상', 포브스코

리아가 선정한 '대한민국 글로벌 CEO'다. 분당 지역 득표율이 자신의 보수성을 나타내는 증거라고 믿고 있다. 그러나 전문가들은 "자신을 보수로 규정하는 건 외연 확장을 위한 정치적 레토릭"이라고 평가한다.

진정한 용기와 결단

이재명은 "김대중 대통령의 역사를 만든 혜안과 용기, 그리고 결단을 결코 잊을 수 없다"고 말했다. 6·15남북공동선언 21주년을 맞아 "김대중 대통령의 위대한 발걸음과 뜨거웠던 마음을 잊지 않겠다"라고 강조하면서 그가 한 말이다.

그는 자신의 페이스북에 '역사를 만든 혜안과 용기, 그리고 결단'이란 제목의 글을 올렸다. "2000년 6월 남북의 두 정상이 평양 순안공항에서 얼싸안던 그때의 환호성이 아직도 귀에 들리는 듯하며 6·15공동선언과 한반도의 평화는 하루아침에 탄생하지 않는다.

김대중 대통령님께선 무려 30년 전인 1970년 10월 16일 미·중·소·일 4대국의 한반도 전쟁 억제 보장, 남북한의 화해와 교류 및 평화통일, 예비군 폐지 등을 담은 대선공약을 내놓으셨다. 북진통일 이외의 모든 통일론이 불온시되고 동서 냉전과 군비 경쟁이 가장 첨예했던 때였지만 그때 이미 김대중 대통령님께서는 시대의 흐름을 보고 계셨다.

불과 2년 뒤인 1972년 미국 대통령의 첫 중국 방문이 있었고 소련과의 무역협정 및 핵무기 개발 제한을 위한 협정(SALT)이 체결되면서 데탕트의 시대가 열렸다. 이렇게 김대중 대통령님께선 미래를 내다보며 시대를 한 발 앞서 준비하셨고 그 모든 노력은 결국 한반도에 살아야 하는 국민들의 삶이 나아지도록 하기 위함이었다.

대통령 재임 시절에도 김대중 대통령님께선 참모들과 밤샘 회의를 하며 정국 운영을 준비했으며, 1998년 취임부터 퇴임 시까지 1, 2, 3 번호를 붙여가며 메모하신 노트가 27권이었다. 세계인이 존경하는 거인은 그렇게 국민을 위해 노심초사(勞心焦思)하며 한반도 평화와 민생을 전진시키기 위해 작은 숫자와 통계 하나하나까지 챙기셨던 어머니 같은 마음의 소유자였다. 6·15남북공동선언 21주년인 오늘, 당신의 위대한 발걸음과 뜨거웠던 마음을 잊지 않겠다."

이재명은 어떤 사람인가? 그가 대통령이 된다면 대한민국이 어떻게 바뀔 것인가?

그는 노무현을 철저히 모방하는 정치인이다. 그의 저서 《이재명, 대한민국 혁명하라》에 그의 혁정적 의지를 명쾌하게 밝혀 놓았다. 한마디로 '이재명 대통령'이 실현된다면 대한민국은 1948년 건국 이후 오늘날까지 국가 단위로, 또는 개인 단위로 추구해 왔던 모든 것을 갈아엎고 새로운 나라 대한민국을 만들 것이라는 꿈이 담겨 있다.

이 책에는 그가 지난해 12월 3일 세월호 유가족 옆자리에서 행한 길거리 연설을 인용한 것으로 이야기가 펼쳐진다.

"우리는 결코 용서해서는 안 됩니다. 대한민국 수립 이래 70년이 넘도록 우리 사회의 힘센 자들은 자신들이 저지른 온갖 패악과 테러와 반역과 학살에 대해서 전혀 책임지지 않았습니다. 머슴이 머슴의 자리를 떠나서 주인에게 가해 행위를 하면 결론은 분명합니다. 머슴을 머슴 자리에서 내쫓고 지은 죄만큼 책임을 물어야 합니다. 여러분과 함께 싸우겠습니다."

그는 노동혁명, 정치혁명, 통일혁명을 부르짖고 있다.

"이 세상의 주인은 우리입니다. 세상은 우리가 원하는 대로, 대한민국 국민 다수가 혜택을 보는 합리적인 사회가 되어야 합니다. 그렇지 못하게 된 문제의 뿌리는 재벌 대기업 체제입니다.

여러분, 재벌 체제를 해체하고 노동자들이 뿌린 만큼 거두는 공정한 사회를 만드는 것은 그들의 양보가 아니라 우리의 투쟁을 통해서만 가능합니다. 우리는 너무 오랫동안 참았습니다. 우리는 더 참으면 안 됩니다. 일하는 사람이 존중 받는 그런 나라를 만듭시다.

우리가 노동자임을 잊지 맙시다. 우리는 노동자임을 당당하게 주장해야 합니다. 노동자라고 말하면 '빨갱이'라는 말을 들을까 봐 두려워합니다. 노동은 신성합니다. 선생님도, 공무원도, 경찰도, 대기업에 있든 중소기업에 있든 정규직이든 비정규직이든 모두 노동자입니다. 노동을 하는 사람들은 위대한 사람들이고, 그에 합당한 대우를 받을 권리가 있습니다."

이재명의 등장은 노무현의 그것과 어쩌면 그렇게 똑같은지 모른다. 보수우파의 정치 지도력이 크게 흔들리면서 국민적 조롱의 대상이 되었다. 그런 틈 사이를 비집고 헤쳐 나온 노무현, 그리고 그를 철저히 닮아가는 이재명. 두 사람은 삶의 시간적 차이와 간극은 있어도 떨어질 수 없고 떼어낼 수도 없는 한 몸, 한 마음인지 모른다.

2006년 9월 29일 아직 늦더위가 기승을 부리던 날씨 속에서 노무현 대통령은 경복궁 안에 있는 고종의 서재인 집옥재(集玉齋)와 경복궁 북문 신무문(神武門)을 45년 만에 개방하는 기념식에 참석했다. 청와대 이웃의 청운초등학교 5학년 1반 학생들도 참석했다. 대통령은 어린이들 앞에서 "사람과 사람 사이에는 지배와 피지배가 있습니다. 내 희망은 지배와 피지배 간의 차이가 작기를 바라는 것입니다."라고 말했다.

노무현 대통령은 임기를 마치기 전인 2009년 마지막으로 오마이뉴스와의 인터뷰에서다. "역사에서 본질적인 문제는 지배와 예속의 문제라고 생각한다. 역사에서의 핵심적인 주제는 지배 그리고 예속에서 발생하는 제반 갈등의 문제이고, 모든 것의 근원이 거기 있다고 생각한다."고 강조했다.

노무현 대통령이 남기고 간 어록을 뒤져보면 인권변호사로 살아온 의식이 강렬하게 드러난다. 그런 정신과 이념을 이재명 후보가 그대로 복창하면서 이어가려는 모습이 뚜렷하게 느껴진다.

대한민국 혁명을 향해 퍼붓는 이재명의 열정은 그의 저서《이재명, 대한민국 혁명하라》책속에서 도도하게 흐른다,

"국민들은 폐단과 절망의 끝에서 그 진원지를 알아채게 됐다. 그건 바로 친일매국, 분단과 쿠데타, 학살과 독재로써 지배해 온 소수의 부패하고 불의하며 부도덕한 기득권자들이었다. 그들은 우리 사회의 기회와 자원, 소득과 자산을 블랙홀처럼 빨아들이고 있었다."

그의 '혁명론'은 계속 이어진다. 광화문 촛불시위를 이어가자

는 것이다. "호랑이 등에 올라 탄 이 기세로 대한민국을 민주공화국으로 완성하기 위한 건국혁명, 피 흘리지 않는 명예혁명, 99%를 위한 흙수저들의 혁명을 이뤄내야 한다." 하나같이 대한민국의 잘못된 것, 어둠의 그늘을 벗겨내자는 외침이다.

"해방 후 70년이 넘도록 청산되지 않은 친일 기득권 세력, 반대자를 종북으로 몰며 분단을 고착하고 평화와 통일을 방해하는 분단 세력을 이번에 반드시 몰아내야 한다."

이재명은 하나에서부터 열까지 모두가 노무현의 완전 복사판이다.

국가에 헌신한 분 예우

이재명 후보는 "공동체를 위해 헌신한 이들에 대한 존중이 건강한 국가관의 핵심"이라고 말했다. 이는 국가와 민족을 위해 특별한 희생과 헌신에 대해 국가는 마땅한 존중과 예우를 해줘야 한다는 국가관이다. 이를 위해 예우의 의미 확대와 그를 바탕으로한 행정을 다짐했다.

자신의 페이스북을 통해서도 이렇게 밝혔다.

"한평생 국가를 걱정하셨던 분들에게, 국가는 그렇게 하지 못했다. 국가관(國家觀)이라는 것이 따로 있지 않다. 대한민국이라는 국가 공동체를 위해 헌신한 이들에 대한 마땅한 존중이 곧 나라를 사랑하는 마음이자 건강한 국가관의 핵심이다.

엄혹했던 근현대사를 온몸으로 겪어내신 분들이 있다. 우리 사회 산업화와 민주화를 이끌었던 분들이기도 하다. 이 분들의 희생을 방치하고서 사회적 신뢰와 시민적 책임을 운운할 수 없다. 아직 충분하지 않지만 의지를 갖고 확대해 왔다. 경기도에 거주하는 독립유공자, 참전유공자, 민주화 유공자만큼은 최선을 다해 모시고 싶었다. 예우의 뜻을 대폭 확대하는 행정의 기조를 만들어가고 있는 만큼 앞으로도 이 흐름은 계속될 것이다.

어르신들께서는 한평생 국가를 걱정하셨지만 국가는 그렇게 하지 못했다. 공동체를 위한 특별한 희생과 헌신에는 반드시 존중과 예우가 따른다는 원칙을 분명히 하겠다. 이러한 원칙이 단지 유공자들의 절박한 생계를 보조하는 일을 넘어 우리 사회 전체의 신뢰를 단단히 하는 일임을 잊지 않겠다."

지울 수 없는 빛과 그림자

이재명에게는 지울 수 없는 빛과 그림자가 있다. 화전민의 아들, 소년공 공장 노동자 출신 변호사. 시민운동가. 욕설의 명수, 여배우와의 스캔들, 성남시장 재선. 전국 228개 기초단체 중 하나의 장. 경기도지사, 그리고 여당의 제20대 대통령 후보자, 그런데도 보수 언론 사설의 단골 메뉴, 여야당의 최고위원회 회의 단골 등장인물. 칭찬보다 비판 사례가 많은 정치인….

흥미롭고도 알기 쉬워 보이지만 복잡하다. 선동가의 뜨거운 피와 행정가의 차가운 성과주의가 아무렇지도 않게 공존한다. 종일 트위터에서 극우 논객과 입씨름한다 하여 '트잉여'(트위터 잉여)라는 소리도 듣는다. SNS를 이용한 실시간 민원 처리 시스템을 만들어 행정 혁신 모범 사례를 남겼다. 공격적인 무상복지 시리즈 정책을 잇달아 내놓아 기세를 올리는 와중에도 판세와 구도에 따라 퇴각을 검토하고 계산하는 영특한 정치인이다.

열혈 지지층만 보고 가는 통 좁은 작은 정치인처럼 굴면서도 묘하게 '적진'에서 지지를 이끌어내는 변방의 장수 기질이 반뜩인다. 성남에서는 야권의 무덤으로 불린 분당구 득표율을 44.6%에서 53.8%로 끌어올렸다. 9만 2,000표가 4년 만에 12만 6,000표로 껑충 뛰었다. 물론 2010년에서 2014년의 기록 변화지만 흥미롭다.

그가 야권에 몸담고 있던 시절, 2012년 대선 패배 이후 야권은 '중도화 노선'으로 기수를 틀었다. 열성 지지층을 강하게 결집하는 야권의 정통 전략에 이제는 중도가 환멸을 느낀다는 반성이었다. 적대보다는 공존의 언어를 사용하고, 상대를 인정하고, 노선이나 이념색이 너무 선명한 이슈는 접어두어야 선거에서 이길 수 있다는 평가는 야권 안에서도 합의에 가까웠다. '결집형'의 시대가 가고 '침투형'이 대세로 바뀌었다.

그런데도 그는 침투형으로는 이길 수 없다고 믿었다. 얼마 남지 않은 결집형 지지자들을 이끌고 나갔다. 자기 의제를 강하게 밝히고, 때로는 과격할 정도로 단호하게 밀어붙여야 승산이 있다고 그는 믿었다.

결집 과정에서 늘 '적대의 언어'를 쓴다는 비판을 듣는다. SNS에서 싸움도 자주 하고, 오늘도 '기득권', '비상식' 등으로 상대를 표현한다. 대놓고 "무슨 얼어 죽을 국부냐" 예를 들면 누가 대구에서 하는 말, 너도 옳다 나도 옳다 서로 존중하자, 그것도 중요하다. 그런데 그게 중심 노선이 되어서는 안 된다고 본다.

그런 신념이 반드시 '적대의 언어'로 표현될 필요는 없다. 그저 의견이 다른 동료 시민을 모욕할 필요가 있다면 모를까.

중도의 환멸은 어떻게 관리할까? 여기서 그가 내놓는 무기가 행정가적 성과주의다. 말만 앞서고 강한 이미지만 주는 것으로는 소용없다. 결과를 보여줘야 한다. 그러면 결집형의 단호함에 중도도 환멸이 아니라 매력을 느낀다는 논리다.

선동가와 행정가라는 양면성은 이렇게 서로를 떠받친다. 불안 요소는 여전히 많다. 그래서 "이재명은 독특하다"는 소리를 듣는다. 성남시장 당시의 일화이다.

성남시에서 펼치는 복지정책 시리즈가 중앙정부와 계속 충돌한다. 왜 그런가?

그의 답은 한마디로 명쾌하다. 지방정부의 복지정책은 보건복지부와 협의하도록 되어 있는데, 지금 계류된 게 4건 정도다. 하나는 기존 복지정책을 취소하라는 거고, 나머지가 이른바 3대 무상복지다. 공공 산후조리원, 무상 교복, 그리고 청년 배당이다.

'복지부와의 협의' 조항은 복지부 동의가 필요하다는 의미라고 법제처는 유권 해석을 내렸다. 동의는 명확하게 상급기관의 의견을 따르라는 뜻인데, 법적으로 협의라고 하면 의견을 수렴하고, 안 되면 할 수 없다는 거다. 그게 협의다. 이건 그냥 국어사전에 있는 그대로다.

중앙정부가 작정하고 지방자치단체의 목을 죄려는 것과 같다.

협의에 따르지 않을 경우 지방교부세를 그 사업 규모만큼 깎아버리는 시행령을 행정자치부가 준비하고 있다. 지자체 복지 정책을 정부가 발목 잡겠다는 것이다. 우리나라는 법치주의 국가인데, 현실은 그게 아니고 시행령 통치 국가다. 대통령이 시행령을 마음대로, 심지어 법에 어긋나도록 만들어서 통치하는 게 습관이 돼버렸다. 긴급조치 시대도 아니고. 사실상 폭력적인 방법으로 국가 권력을 행사하는 것이 아닌가? 법률가답게 풀어가는 솜씨가 빈틈없다.

그런데도 복지정책 시리즈를 계속하려는가?

시행령이 통과되면 중앙정부가 교부세를 깎을 권한이 생긴다. 이 경우 우리가 재판을 해서 이겨야 하는데, 결과가 나올 때까지 시간이 상당히 걸린다. 억울하지만 시정 책임자로서는 100만 시민을 위해 굴복해야 할 수도 있다. 그러나 우리는 정책별로 달리 판단하려고 한다. 중앙정부에서 제동을 거는 공공 산후조리원, 무상 교복, 그리고 청년배당, 3개 중에서 시급성이나 주민 여론 등을 고려해서 일부는 불복, 일부는 굴복 이렇게 해야 할 것 같다.

"이재명은 포퓰리스트다"라는 말을 자주 듣는다.

그 말은 청년배당 때 제일 많이 들었다. 그 이전부터도 뭔가 복지 정책만 도입하면 포퓰리스트라고 공격당했다. 중앙 정치인들은 알쏭달쏭한 용어를 마구 동원해서 의미를 바꾸는 데 능하다.

정치적으로도 바람직한 정책을 하면 그게 포퓰리즘이라고 한다. 과연 그런가? 국민의 지지를 얻기 위해서 혜택이 가는 정책을 펴라는 것이 대의민주주의 아닌가? 그는 하고 싶다고 생각되면 그냥 해버린다. 일만 하면 포퓰리즘이라고 욕먹지만, 감수하면서 돌파한다. 정상적인 정책을 포퓰리즘이라고 공격하는 것은 민주주의 자체를 공격하는 거다. '무상 시리즈'도 처음에는 좋은 의미였는데 끊임없는 공격에 시달리면서 이제는 무상복지란 말을 쓰지 말자고까지 한다. '무상'이 '공짜'라는 이미지로 둔갑한 때문이다.

정치는 언어로 싸우는 전쟁이라, 전선이 따로 없다. 민주 대 반민주 이런 식으로 싸움이 계속된다. 무상이라는 건 복지를 받을 시민의 권리를 대표하는 대단히 큰 흐름이었다. 진보·보수 구도로 돌아갈 일이 아니다.

중앙에서는 중도로, 온건하게 가자고 하는데 이재명은 동의하지 않는다. 우리가 오른쪽으로 가면, 유권자들은 자기네 삶에 뭐가 바뀔까 생각한다. 지금 상식 대 비상식 진영이 맞붙었는데, 법대로 규칙대로 상식을 회복하자 그것만 제대로 해도 사람들이 열광한다. 그런데 무슨 잘사는 사람들 편드는 보수적 언어를 쓰자 하니 결국 사기 치자는 것 아니냐? 정치라고 하는 게 사람을 설득하는 일인데, 사기 쳐가지고 설득이 되는가? 근본을 지켜야 미래가 밝다.

'중도강화론'은 허구라고 한다.

보수 언론이 우리보고는 중도로 이동하라고 주문하는데, 기득권 집단한테는 중도로 이동하라는 얘기를 안 한다. 왜 그럴까? 놀아나는 거다. 기득권 세력은 이를테면 고용 문제에서 철저히 기업 중심으로 간다. 중소기업과 대기업의 차이는 뭔가? 경제의 핵은 대기업이 중심이다. 자기들 중심으로 핵심 기반을 먼저 조직한다. 그들은 중도로 절대 이동하지 않는다.

"나는 아직 변방사또다. 새싹도 못 된 사람이지. 새싹과 거목은 관리 방법이 다르다."

지금 우리 핵심 지지자들 실망하고 떠나는 게 눈에 보이는데, 그분들에게 어떤 카타르시스를 줘야 한다. 나는 돌격대를 조직해야 하는 사람이다. 나도 우아한 언어로 우아한 역할하고 싶다. 말에도 가시가 있고 바늘 같은 침이 있으며 체급이 있다. 그래서 언어도 행동도 더 무거워지고 줄어들게 된다. 애 무게를 들어낼 때가 지금은 아니라고 본다. 체급이 올라가면 용감하게 대결할 것이다.

'새싹도 못 된', '변방사또'라는 그의 말과는 다르게 그를 둘러싸고 벌어지는 잇따른 포퓰리즘 공세는 끝이 없다. 그 끝은 어디일까?

말을 잘해서 국민 동의를 받으려고 하면 잘 안 된다. 진짜 국민이 필요로 하는 것을, 비록 작더라도 정책을 만들고 실천을 해야 한다. "너는 뭘 했고 뭘 할 거냐?"고 국민들이 묻는데 중도니 진보니 왔다갔다 헷갈리게 굴면 아무것도 못한다.

성남은 특수한 곳이다. 특히 성남 분당구는 인구도 많고 투표율도 높다. 유권자 분포로 보면 야권 고정표가 살짝 모자라는, 대한민국의 축소판 같다. 우리가 중심을 잡고 정확하게 행동하면 대중이 반응한다. 그걸 성남이 보여주고 있다. 그런데 당 대표급 인사까지 포함해서, 야당의 상당수가 보수 언론이 가지고 노는 대로 우왕좌왕한다. 그러니 대중이 볼 때는 너무 가볍고 무책임하고 믿을 수 없는 사람들이다. 야당에 중도가 없어서 못 믿는 게 아니라 중심이 없어서 못 믿는다.

싸워야 신뢰도 쌓인다. 그건 진리이다. 너무 많이 양보하면 무너진다. 안보 같은 불리한 의제가 등장하면 다 도망가 버린다. 선거판에서는 손해 봐도 싸워야 살아남는다, 휴전선에서 지뢰가 터져 긴장 국면을 맞았을 때 "안보를 정략에 이용하면 안 된다"라고 말해서 혼쭐이 났다. 젊은 층 지지자들이 쭉 빠져 버린 것이다.

선동가와 행정가. 핵심 지지층을 열광시키는 전투적인 언어, 결과물로 설득하는 행정가적 성과주의. 낯설거나, 심지어 모순된 조합처럼 보이지만 이재명 모델을 지탱하는 두 개의 핵심 축이다. 반드시 둘이 함께 있어야 할 이유는 없다. 조용한 침투형 메시지와 행정가적 성과주의의 조합은 언제나 같이 가야할 짝꿍이다.

　과격할 정도로 지지층을 뭉치게 해야 이긴다고 믿는다, 이제는 소수파가 정통파로 되었다. 그 바탕에는 '우리가 상식의 편이다' 라는 강한 확신이 깔려있다. 이 확신은 정치적 반대파를 향한 적대의 언어로 드러난다. 그가 한 말 가운데 "노무현 대통령은 너무 착해서 상대 진영도 나처럼 인간이겠거니 믿었다."는 말은 정치권의 명언이 되었다. 지지층의 열광과 반대층의 적대를 동시에 폭발시키는 화법이라는 평가다.

V

지도자의 덕목

05 지도자의 덕목

대전환 시대의 진로

더불어민주당 대권 주자로 선출된 이재명 후보는 서울 마포구 김대중 전 대통령 사저에서 한반도 평화 정책을 발표했다.

"한반도는 대전환의 시대에 직면해 대외적으로는 미·중 전략 경쟁이 격화되는 가운데 한반도를 둘러싼 정치, 경제, 군사 전반의 대립이 본격화되고 있다. 대내적으로는 대북정책에 있어 새로운 접근법을 모색해야 할 시점이다. 우리 안보를 위협하고 경제 성장을 가로막아 온 분단과 대결 구조를 근본적으로 바꿔 한반도 평화경제체제 수립과 국익 중심 실용 외교의 길을 열어 가겠다"고 강조했다.

그가 추구하겠다는 실용 외교란 ▶한반도 평화 정착을 위한 북핵 문제의 실용적 접근 ▶한반도 평화경제체제 수립으로 실용적 남북 상생 추구 ▶국민과 함께 추진하는 실용적 대북정책 ▶자주독립의 정신을 잇는 국익 중심의 실용외교 ▶국민의 삶에 기여하는 실용외교 등 5가지다.

"대전환의 시대에 한반도 평화경제체제를 구축하고, 국민의 삶에 기여하는 국익 중심의 실용 외교를 추진해 나가는 것은 결코 쉬운 일이 아니지만, 확고한 철학 소신, 담대한 결단력과 과감한 실천력으로 해 내겠다. 무에서 유를 이룬 우리 국민의 저력을 동력 삼아 대전환 시대의 실용주의적 통일 외교, 이재명은 합니다!"라며 지지를 호소했다.

그가 밝힌 '대전환 시대의 통일 외교 구상' 발표문은 어떤 내용일까?

대전환 시대의 실용주의적 통일외교, 이재명은 합니다!

지금 한반도는 대전환의 시대에 직면해 있다. 대외적으로는 미·중 전략 경쟁이 격화되는 가운데 한반도를 둘러싼 정치·경제·군사 전반의 대립이 본격화되고 있다. 대내적으로는 대북정책에 있어 새로운 접근법을 모색해야 하는 시점이다.

한국전쟁 70년, 햇볕정책 추진 사반세기가 흐르는 동안 남북한의 경제력, 인구 구성, 통일에 대한 인식에 큰 변화가 있었기 때문이다. 현재 남북한 인구의 절대다수는 한국전쟁 이전 단일국가를 경험하지 않은 세대이다. 이제 단일민족에 근거한 당위적 통일 논리로는 국민의 동의를 얻을 수 없다. 평창동계올림픽 여자 아이스하키팀 구성을 둘러싼 논란은 이를 극명하게 보여주었다.

대전환의 시대, 통일외교 정책 역시 이념과 체제를 뛰어넘어 남북 모두의 성장과 발전에 도움이 되는 실용적 방향으로의 전환이 필요하다.

북핵 문제, 유엔 제재 등 난관도 있지만 기회 요인도 있다. 미국 바이든 정부는 사실상의 단계적 접근법을 의미하는 '세심하게 조정된 실용적 접근법'을 추구하고 있다.

문재인 대통령도 한반도 평화를 위한 노력을 끝까지 지속하고 있고, 김정은 위원장을 포함한 양 정상은 대화 교착 국면에서도 친서를 교환하며 평화의 끈을 놓지 않고 있다.

문재인 정부가 만든 남북관계의 토대 위에서 새롭고 전면적인 변화를 만들어 내겠다. 우리 안보를 위협하고 경제 성장을 가로막아 온 분단과 대결 구조를 근본적으로 바꾸겠다. 한반도 평화경제 체제 수립과 국익 중심 실용외교의 길을 열어 가겠다.

1. 한반도 평화 정착을 위한 북핵 문제의 실용적 접근

한반도 평화 정착을 위한 최우선 과제는 북핵 문제 해결이다. 최선의 해법은 '조건부 제재완화(스냅백)와 단계적 동시 행동'이다. 북한이 비핵화 약속을 지키지 않을시 즉각적인 제재 복원을 전제로, 북한의 비핵화 조치와 그에 상응하는 대북 제재 완화 조치를 단계적으로 동시에 실행하는 것이다.

북한이 먼저 핵을 포기하도록 하거나 일거에 일괄 타결하는

'빅딜' 방식은 성공 가능성이 낮다. 비핵화에 대한 합의와 이행을 단계적으로 동시에 추진하는 것이 현실적이고 북미 양국에도 실용적이다.

북핵 문제 해결에 있어 한국정부 주도성을 강화하겠다. 한반도 운명의 당사자는 우리 자신이다. 문재인 정부는 '한반도 운전자론'을 통해 북핵 문제 해결을 주도해 왔다. 문재인 정부를 계승하여 더 주체적이고 적극적인 중재자 및 해결사 역할을 하겠다.

우선 '조건부 제재 완화(스냅백)와 단계적 동시 행동' 방안을 구체화해서 북한과 미국에 제안하겠다. 북한과 미국은 이미 싱가포르·하노이 정상회담을 통해 탐색전을 마쳤다. 남은 것은 시기와 조건, 양국 정상의 의지이다. 바이든 대통령, 김정은 위원장을 직접 만나 문제를 풀겠다. 차기 정부 초기부터 과감하고 속도감 있게 추진하여 성과를 내겠다.

2. 한반도 평화경제 체제 수립으로 실용적 남북 상생 추구

'한반도 평화경제 체제'를 수립하겠다. 이제 이념과 체제 경쟁은 의미도, 실익도 없다. 남북 경제 발전, 남북 주민의 민생에 도움이 되는 실용적 관계를 만들어가야 한다.

김대중 정부의 햇볕정책, 노무현 정부의 평화번영정책, 문재인

정부의 한반도 평화 프로세스를 계승 발전시키겠다. 한반도 평화
경제 체제는 평화가 경제 발전으로 이어지고 경제 협력이 평화를
공고히 하는 '평화와 경제의 선순환 체제'를 의미한다.

남북 간 이미 약속한 경제·사회 및 군사 분야 협력 사업을 충실
히 이행하겠다. 더불어 군사적 긴장 완화 조치를 제도화하여 평화
적 환경을 조성하고 상호 신뢰를 쌓아가겠다.

인도적 지원, 보건의료 협력 등 유엔 제재 대상이 아닌 사업부
터 적극 추진하겠다. 남북이 이미 합의했지만 제재 대상으로 묶여
있는 개성공단, 철도·도로 연결 및 현대화 등의 이행을 위해 유엔
에 포괄적·상시적 제재 면제를 설득하겠다.

이미 경기도에서 성과를 냈다. 2020년 8월 유엔 안전보장이사
회가 경기도의 '대북 온실 건설용 자재 지원'사업에 대해 제재 면
제를 승인한 바 있다. 남북의 결단만 있다면 인도적 활동에 대해
서는 유엔 제재를 뛰어넘을 수 있음을 보여주는 사례이다.

무엇보다도 분단의 한을 품고 계신 이산가족 여러분의 염원을
남북 협력 사업의 선두에 놓겠다. 이산가족 수시 상봉뿐만 아니라
이산가족 고향방문 북측 여행을 적극 추진하겠다. 원한다면 이산
가족이 북측 고향에서 장례를 치를 수 있도록 하고, 이미 고인이
되신 분들의 장묘 이장도 추진하겠다.

또한 4차 산업혁명, 기후 위기 극복, 생태 및 환경 보호 등 시대적 과제를 남북경협 정책에 반영해 신성장 동력 창출과 지속 가능한 남북 공동 번영을 도모하겠다.

북한도 지속 가능 발전 목표에 기반한 '자발적 국가별 검토 보고서'를 유엔에 제출하여 기후 위기 및 환경·에너지 문제에 적극 대처하겠다는 입장을 밝힌 바 있다. 탄소중립 실현을 위한 남북 공동의 노력은 남북협력사업의 새로운 이정표가 될 것이다.

3. 국민과 함께 추진하는 실용적 대북정책

실용적 대북정책을 국민 여러분과 함께 추진하겠다. 남북협력사업은 상호 간 이익이 전제되어야 한다. 우리 국민은 북한과의 경제협력·교류·인도적 지원은 지지하지만, 북한의 호응조차 없는 일방적 정책은 찬성하지 않겠다.

북한의 그릇된 관행과 태도에 대해서는 변화를 요구하겠다. 북한과 통일에 대한 국민인식의 변화, 우리 국민의 높아진 자부심과 강화된 공정의식을 반영한 새로운 대북 접근법이 필요하다.

개성공단 남북공동연락사무소 폭파 사건은 우리 국민과 세계에 큰 충격과 실망을 안겨주었다. 북한이 잘못하면 잘못한다고 분명하게 우리의 입장을 밝힐 것이다.

1991년 남북기본합의서를 비롯해 지금까지 네 차례의 정상회담 합의서가 채택되어 있다. 그러나 국회의 비준동의를 얻지 못해 정권이 바뀌면 귀중한 합의가 휴지조각이 돼버리는 일이 반복되고 있다.

야당과 더 적극적으로 소통하여 지지를 이끌어내겠다. 북한과의 협의 내용을 사후뿐 아니라 사전에 적극 공유하겠다. 새로운 남북 협의는 물론, 기존 남북 간 합의에 대한 국회 비준동의를 위해서도 최선의 노력을 다해 남북 합의를 제도화하고 공식화 하겠다.

아울러 남북교류협력 사업에 있어 지방정부와 시민사회의 자율성을 강화하여 보다 많은 국민들이 대북사업에 함께하도록 하겠다.

특히 청년·미래 세대의 남북 교류 추진으로 상호 이해를 증진하고, 새로운 기회를 제공하겠다. 공연·체육·예술·교육 등 다양한 분야에서 남북한 청년·미래 세대의 소통과 교류의 기회를 마련하고, 남북 경제협력 관련 창업을 적극 지원하겠다.

4. 자주독립의 정신을 잇는 국익 중심의 실용외교

국익 중심의 실용외교로 자주독립의 정신을 잇겠다. 미국은 유일한 동맹이고 중국은 전략적 협력관계에 있다. 어느 한쪽을 선택해 스스로 운신의 폭을 좁힐 이유가 없다. 미·중이 우리와의 협력을 선택하도록 만드는 것이 유능한 외교이다.

우리나라는 미·중과 다양한 분야에서 동시에 협력할 수 있는 위상과 능력을 가지고 있다. 반도체, 배터리 등 첨단 기술 영역만 보더라도 미국과 중국 모두 치열한 경쟁 속에서 우리와의 협력을 원하고 있다. 충분히 가능한 일이다.

한·일 관계 개선을 위해 과감하게 나서겠다. 대한민국의 신장된 위상과 국격에 부합하도록 한·일 관계를 재정립하고, 국익 중심 실용주의를 바탕으로 미래 지향적인 한·일 관계를 구축해나가겠다.

일본과의 역사 문제, 영토 주권 문제, 국민의 생명과 안전에 대한 문제에는 단호히 대처하되 경제, 사회, 외교적 교류·협력은 적극 추진하는 투 트랙 전략을 견지해 나가겠다. 아시아 국가들의 이해가 수렴되고 함께 참여하는 공정하고 포용적인 동아시아 질서를 주도하겠다. 이를 위해 문재인 정부가 추진해 온 신북방·신남방 정책을 적극 확대하겠다.

신북방·신남방 정책은 우리 외교의 지리적·지정학적 한계를 넘어 유라시아 대륙과 태평양·인도양을 포괄하는 신외교 지도, 신경제 지도를 만들고자 하는 한국 외교 정책의 큰 전환이다.

이미 아세안은 중국에 이어 두 번째로 큰 시장으로 성장했고, 베트남은 3위 교역국이 되었다. 또한 역내 포괄적 경제동반자협정(RCEP)을 통해 전 세계 인구의 48%, GDP의 30%를 차지하는 거대 경제권이 성큼 다가와 있다.

우리나라는 경제, 국방, 소프트파워 등 다방면에서 세계를 주도하는 선진국이 되었다. 이제 동아시아를 넘어 글로벌 수준으로 한반도 평화 외교의 지평을 확장해야 한다.

기후 위기 극복을 위한 국제적 협력과 공적개발원조(ODA) 확대를 통해 한반도 평화와 동아시아 협력을 주도하는 글로벌 선도 국가로서 위상을 확보하겠다.

5. 국민의 삶에 기여하는 실용 외교

외교의 패러다임을 바꾸겠다. 외교의 목적은 국민의 삶의 질을 향상시키는 것이다. 엘리트 중심의 외교가 아니라 국민 모두가 외교의 주체가 되도록 하겠다.

한 해에도 수천만 국민이 해외여행을 하고 수많은 국민이 해외에 터전을 잡고 있으며, 청년들이 국경 없이 새로운 기회를 찾는 시대이다. 우리 외교도 이제 국민과 함께하는, 국민의 삶에 기여하는 방향으로 전환해야 한다.

외교 주체를 다원화하고 외교 영역 및 방식을 다각화하겠다. 지방정부의 역할을 강화하고, 공적개발원조 분야에도 은퇴자뿐 아니라 청년, 여성의 참여를 확대하겠다. 아울러 다양한 디지털 수단을 활용해 새로운 공공외교 플랫폼을 구축하고 확장하겠다.

우리 국민과 기업을 위한 경제외교를 강화하겠다. 글로벌 환경 변화는 경제 분야에서 외교의 역할 확대를 요구한다. 우리 기업의 글로벌 공급망 확대·안정화, 첨단 기술 보호·발전 등을 위해 범정부적 지원을 아끼지 않겠다.

재외국민과 재외동포를 종합적이고 체계적으로 지원하는 정책 추진 체계를 확립해 글로벌 한인공동체를 만들겠다. 재외동포와 모국의 연계를 강화하기 위해 재외동포기본법을 제정하고, 재외동포청을 설립하겠다. 재외국민의 안전 문제 해결, 국내 체류 재외동포의 처우 개선에도 적극 노력하겠다. 아울러 재외국민의 투표 참여를 활성화할 대책도 마련하겠다.

존경하는 국민 여러분!

대전환의 시대에 한반도 평화경제 체제를 구축하고, 국민의 삶에 기여하는 국익 중심의 실용외교를 추진해나가는 것은 결코 쉬운 일이 아니다. 확고한 철학 소신, 담대한 결단력과 과감한 실천력을 겸비한 리더만이 해낼 수 있다. 무에서 유를 이룬 우리 국민의 저력을 동력 삼아 저, 이재명이 하겠다. 평화롭고 풍요로운 대한민국의 미래를 위해 담대하게 나아가겠다.

대전환 시대의 실용주의적 통일외교, 이재명은 합니다!

고맙습니다.

국민의 권리 보호

지구촌에 주인 없는 나라 없고, 국민 없는 국가도 없다. 대한민국 헌법 제1조 1항은 '대한민국은 민주공화국'이라 했고, 2항에서는 '주권은 국민에게 있고 모든 권력은 국민으로부터 나온다'고 명시되어 있다.

그런데 권력이 국민으로부터 나온다고 확신하거나 그렇게 믿는 사람이 얼마나 될까? 권력을 위임받은 통치자, 국회의원, 도지사, 시장 등이 틀어쥐고 흔들어대는 세상 아닌가? 그래서 권력은 대통령으로부터 출발하고, 그 다음이 국회의원, 공무원, 기득권, 그 다음은 돈을 가진 총수와 부자이며 맨 끝이 일반 국민이라고 주장하는 사람들이 많다.

윗물이 맑아야 아랫물도 맑다고 하지만, 세상은 그 반대로 돌아가고 있다. 국민들은 윗물의 흐림에 대해 사실상 별 관심도 없다. 각자 먹고사는 데 큰 지장 없고 조그마한 내 집 마련하여 아들·딸 낳아 행복하게 사는 것을 인생 목표처럼 여기며 살아간다.

정권이 국민의 행복을 외면할 때 그 종말은 아름답지 못하고 비극에 빠지는 것을 수없이 겪어왔다. 어쩌면 대통령을 둘러싼 인물들, 권력의 핵심을 자처하는 사람들이 한발 뒤로 숨고 얼굴마담을 내세워 놓고 온갖 이권에 손을 대어 뒷주머니를 채우려다가 들통 나는 바람에 세상을 흔들어 버리는 경우가 많다.

역대 대통령의 비극적 종말을 보면 일장일단이 있었지만 당사자가 아무리 잘하려 해도 친·인척 비리나 장·차관들의 욕심이 화를 부른 적이 태반이다.

선거 때만 되면 국민이 소수의 패거리 정치인들에게 이리저리 휘둘리며 정신을 못 차리고 앵무새처럼 읊어대는 텔레비전과 스마트폰만 보다가 여론몰이의 희생양이 되는지 딱하기 이를 데 없다.

주권이 국민으로부터 나오기 위해서는 주인다운 권리행사를 제대로 해야 한다. 국민 각자에게 주어진 선거권도 하나로 볼 때는 미약하지만 뭉치면 엄청난 위력을 나타낸다. 마치 물 한 방울이 모여 거대한 폭포를 이뤄 쏟아지는 것과 같다.

이 나라는 국민부터 정신 차려야 한다. 권리를 주장하기 이전에 책임에 대한 이행이 얼마나 충실했는지 되돌아봐야 한다. 국방, 납세, 교육, 근로 의무 중 어느 것 하나라도 소홀히 하면 국민의 권리를 주장할 자격이 없는 것이다. 오직 자유만 주장하며 성의 정체성도 무시한 채 평등을 내세운 나머지 질서의 교란을 불러왔고, 결국 돌이킬 수 없는 혼란을 초래하기도 했다.

더구나 분단국가인 우리가 좌파·우파의 이념적 갈등으로 국민 간에 대립이 극도로 치달았다. 이런 갈등을 촉발시켜 놓고 지켜보는 이들은 누구이며 왜 이런 현상이 그치지 않고 계속되는 것일까.

장차 이 나라 미래를 이끌어갈 참신한 지도자, 유능한 리더를 선택하는 길은 오로지 유권자의 몫이다. 정치적 패거리들이 선동할 수는 있어도 좌지우지 할 수 있는 것은 아니다.

대한민국 대통령은 국민 개개인의 행복을 우선하여 아닌 건 아니라 할 수 있는 소신이 있어야 하고 옳고 그름을 제대로 판단하여 시행하는 리더십이 있어야 한다. 지도자가 패거리들에게 흔들리면 국민들의 고통이 그만큼 커진다.

국민의 현명한 선택은 결국 국민에게 돌아오는 것이지 대통령에게 가는 영광은 아니다.

자주국방과 안보

만일 우리 집에 강도가 들어왔다면 어떻게 해야 할까? 방어한다고 서둘다가는 가족이 다칠 우려가 크다. 어떤 자세를 취해야 할까?

물론 재산도 지켜야 하지만 생명도 소중하다. 죽기 살기로 막는다고 들어온 강도가 쉽게 물러간다면 다행이겠지만 모든 가족들이 벌벌 떨며 강도에게 고스란히 당한다면, 재산뿐만 아니라 성범죄까지 일어난 사례들이 종종 있다.

중요한 건 이미 지나간 옛날 이야기해 봐야 소용없고, 공감할 사람도 많지 않다. 현재의 처지와 앞으로 어떻게 해야 하는지가 중요하다. 더구나 국가를 지키고 국민을 보호해야 할 최고 책임자는 대통령이다. 그래서 대통령을 국군 통수권자라고 한다.

현실적으로 대한민국의 주적은 북한이다. 작전이나 경계에서도 한미 훈련도 모두 북한을 타깃으로 가상훈련을 하는 것이 이를 반증한다. 따라서 북한의 대응에 따라 남한도 수위 조절을 할 수밖에 없는 것이며 그에 따른 책임은 군 전체에게 있지만, 결과적으로는 대통령에게 있다.

대통령의 기능과 역할은 그래서 중요하다.

먼저 군인은 군인다워야 한다. 귀가 닳도록 들은 말이다. 작전에 실패한 군인은 용서해도 경계에 실패한 군인은 용서받지 못한다는 말이 있다. 초병근무 중인 신병에게 총기 검사를 한답시고 총을 건네받은 상급자가 호되게 야단을 치는 에피소드는 이미 널리 알려진 일화이다.

그만큼 경계는 중요한 국방의 기본 임무이다.

외교에 대한 문제는 어떤가? 국제 간의 외교는 외교부가 맡고, 통일에 대한 문제는 통일부가 주관하며, 정상회담이나 국가 원수가 대응해야할 문제는 청와대가 나서면 되는 일이다.

어쩌다 국민 관심이 모일만하거나 선심성 정책이 있을 때에는 전담 부서를 떠나 청와대가 나서는 모습을 볼 수 있는데 이러한 일은 자제할 일이다.

냉전시대가 지났다고 말하지만, 우리는 남북이 총부리를 겨누고 있는 분단국가라, 언제 또 다시 전쟁이 터질지 알 수 없다. 우리 집은 내가 지키듯 대한민국은 국민이 지켜야 하고 대통령이 책임을 져야 한다. 대통령은 군국통수권자라고 하는 것도 그런 맥락이다.

교육의 리모델링

교육은 '백년대계(百年大計)'라 한다. 나라의 미래가 걸린 매우 중요한 일이라, 모두가 다 알고 인정하는 말이다. 알고만 있고 구호처럼 외친다고 이루어지지 않는다, 교육 개혁이라는 구호는 요란한데, 학생들이 실험 대상으로 끝날 뿐 시행착오만 반복한다.

돌이켜보면 학교 울타리 안에서 왜 성폭행이 벌어지고 학생인

권조례가 왜 생겼는가. 일부 폭력교사들로부터 안전하라고 학생 인권조례를 만들었더니 다수 교권을 추락시키는 결과를 가져오고 말았다.

입시제도가 왜 수시로 바꾸는지 모를 일이다. 그리하여 군사부일체(君師父一體)가 무너졌다는 말이 계속된다. 스승이 교사가되고 교사가 철밥통 직업이 되다 보니 먹고 사는 밥그릇에 매달려안주하는 분위기로 교육 풍토가 바뀐 탓이다. 교사는 육체적 노동자가 아닌데도 교원노조가 결성되고 그들이 세력화 집단으로 변하면서 교장까지 그들의 눈치를 보는 세상이 되었다. 굳이 애써서제자들을 가르치려는 다수 선생님들의 교권을 추락하게 하는 부작용을 만들고 있다.

교육계도 리모델링해야 한다는 말이 떠돈 지 오래다. 낡은 집을새롭게 고치듯 교육계도 포장지부터 벗겨야 한다. 학생들을 바르게 가르치자는 명분에 직간접으로 해마다 늘어난다고 한다. 어떤경우에는 학생 1명을 교육시키는데 관련된 인원이 5배수를 넘는다고 하니 이쯤 되면 주객이 전도되어도 한참 뒤바뀐 세상이 아닐까.

마치 농부 한 사람이 농사를 지어 수확하기까지 씨앗 가게부터농약 파는 곳, 농기계 수리점, 비료와 농협 직원들까지 연결되어먹고 사는 것과 같은 이치이다.

그러나 농사와 교육은 같은 것 같으면서도 다르다. 교육은 명분만 요란할 뿐 실제 인원 감축의 여지가 도처에 널려있음에도 해마다 그 숫자가 늘고 예산만 증액될 뿐이다. 민간 대기업 같았으면 대량 해고가 벌써 단행되었을 일이다.

새로운 교육제도가 발표될 때마다 사교육은 근절되지 않고 더 성행한다. 2021년 공교육 예산만 71조 2,000억 원이다. 국가 총예산의 12%가 넘는 돈이다. 엄청난 돈이 투입되지만 과연 비용 대비 학생들의 교육수준은 어떨까? 초중고교는 대학 진학을 위한 필수과정이고 대학에 들어간 뒤에는 공부보다는 이런저런 학생운동 하다가 졸업만 하면 그만인 세상처럼 변한다.

물론 아니라고 변명하고, 파헤친다고 달라질 건 없겠지만 낭비성 교육 요인은 교육계 곳곳에 깊숙이 뿌리를 내리고 있다. 내부에서 스스로 대안을 찾고 수리해야 한다. 학생들에게만 면학, 창의성을 요구할 게 아니라 잘못된 흐름을 바로 잡고, 거품을 빼고 대체할 수 있는 대안을 찾아야 한다. 교육백년대계를 위해 교육부와 교직원, 학생들이 다시 군사부일체의 기본 정신으로 되돌아가야 한다.

지금처럼 안일하고 비교육적이며 비진취적인 현실에 안주한다면 결코 교육계의 개선이나 비전은 기대하기 어렵다. 당장은 그냥저냥 어물쩍 넘어간다 해도 세상이 더 밝아진다면 사법, 언론 개혁 못지 않게 교육 개혁도 공론화의 거센 바람을 맞을 수밖에 없을 것이다.

문제는 교육이 인재 양성의 본 궤도를 벗어난 채 입시지옥처럼 변질되면서 그동안 희생되어온 학생들을 구출하는 용단이 필요하다.

모두가 동쪽으로 가야 한다고 하는데, 아니라면서 혼자만 서쪽으로 간다면 뭐가 달라질까. 거품을 빼면 얼마든지 좋은 교육 풍토를 이룰 수 있고, 인재 양성의 길이 열리며 인성, 창의, 품격을 길러주는 교육 풍토를 이룩할 수 있다. 화려한 구호나 미사여구를 남발하지 않아도 학교는 좋아지고 교육은 본연의 길로 접어들게 된다.

그러나 경쟁사회에서는 좋은 대학을 나와야 좋은 직장에 들어 평생을 보장받을 수 있다는 생각을 지워버릴 수 없다. 좋은 대학은 결코 없어지지 않고 더 발전한다. 그런 대학에 진학하고자 하는 학생들의 열망도 사라지지 않을 것이다. 교육 현장이 개성이나 자질 향상보다는 수능을 향해 경쟁하는 전쟁터와 같은 모습은 계속될 수밖에 없다.

그렇다고 좋은 대학이 좋은 직장과 장밋빛 미래를 보장하여 준다는 확률도 무너지고 있는 지금, 과잉 공급이 빚어온 청년실업 사태가 오늘의 현주소다. 이제 좋은 대학 졸업이 곧 고급 인력이라는 공식이 붕괴되고 있는데도 언제까지 대학 타령만 할 것인가.

이제는 변해야 한다. 그 변화를 이끌어갈 지도자를 국가는 요구하고 있다. 새로운 변화의 수혜자는 이 나라 백년의 미래를 이끌어 나갈 학생들이고 그들이 장차 대한민국의 주인공이기 때문이다.

한국인들은 부지런한 손, 해맑은 두뇌, 지구촌 어디에서도 보기 드문 DNA를 가진 민족이다.

우수한 민족의 기량이 세계를 향해 마음껏 발휘될 수 있도록 교육이 리모델링되어야 한다. 교육의 틀을 바꾸고 갇혀진 문을 열어야 하며 그걸 할 수 있는 게 이 나라 지도자의 소신이고 교육전문가와 학부모들의 협력이다.

한류의 세계화

우리는 1950년에 한민족 최대의 비극인 6·25전쟁을 겪었다. 같은 동포끼리 총을 쏘고 사람을 죽이고 귀중한 문화유산을 파괴시키는 처참한 전쟁을 했다. 3년 만에 휴전으로 전쟁의 총성은 멈추었으나 지금도 완전히 끝나지 않은 채 분단국가로 내려온다. 전쟁 이후 보릿고개 시절로 가난한 삶을 겪었으나, 이젠 옛말이다.

지금 문화 예술은 인터넷이나 스마트폰으로 전국 어디서든 보고 싶은 걸 다 손안에서 볼 수 있는 세상이 되었다. 전 세계 문화나 여행지를 실시간 검색할 수 있는 세상에서 살고 있다.

선택의 폭이 무한대로 넓어진 세상이다.

그런 현상으로 한국산 반도체·자동차·휴대폰·배터리·대형 컨테이너 수송선이 지구촌 곳곳의 유수한 시장을 누빈다. 한국의 방탄소년단 BTS가 한류스타로 뜨고, '기생충'과 '오징어 게임'과 윤여정이 국제영화제를 휘어잡았다.

2021년 여름 가을을 장식한 '오징어 게임'은 지구촌 사람들을 흥분시켰다. 대한민국의 액션, 서스펜스 드라마로 456억 원의 상금이 걸린 의문의 서바이벌에 참가한 사람들이 총 6개의 게임을 통과해 최후의 승자가 되고자 목숨을 걸고 극한 게임에 도전하는 흥미로운 이야기다.

인간이 살면서 보고 듣고 배우는 환경을 통합해 문화라고 한다. 문화란 모든 분야에서 다양한 형태로 삶의 질적 향상을 꾀하며 특히 미술, 음악 등 예능계의 영향력은 실로 대중들에게 상당한 비중을 차지하고 있다. 여기에 빛을 더하는 것이 예술이고, 예술을 활동으로 보여주는 것이 체육이다. 그래서 지덕체(智德體) 곧 예체능 시대에 우리가 살고 있다고 일컫는다.

문제는 모든 분야가 고루 성장하는 것이 중요하다. 어찌 보면 1등만이 정점에 오르는 세상처럼 변해 간다. 지구촌의 최대 축제로 꼽히는 올림픽에서도 금메달 1등만을 향해 모두가 경쟁한다. 2등도 있고 3등도 있지만 등위가 다르고 메달의 색깔도 다르다. 전반적인 분위기 자체가 최고만이 살아남을 수 있는 세상으로 변하고 있는 것이다.

이런 현상이 점점 더 극대화된다면 어찌될까? 문화 예술 체육이 하나 같이 금메달을 빼고 나머지는 살아남을 수 없다면 어떤 세상이 될까? 결론부터 말하면 1등만을 환호하고 꼴찌에게는 박수를 치지 않는 기형적인 세상이 아닐까? 서로 과도한 경쟁을 부추길 뿐 건전한 발전은 기대하기 어렵다.

예체능계의 참신한 인재들을 양산하여 국위를 선양하는 길, 온 국민이 평등하고 당당하게 각자의 소질을 계발하여 국민 모두가 화가가 되고, 가수가 되며 생활 속에 언제나 즐길 수 있는 체육활동이 가능한 세상, 최고도 중요하지만 누구나 노력만 하면 2등도 3등도 대우받을 수 있는 다양성과 공감대가 원만한 세상, 꼴찌도 인정해 주는 세상이 아름다운 세상이다.

한류의 세계화는 문화 예술 체육 등 여러 면에서 활발하게 이루어고 있지만, 국가적 차원에서 더 크게 진척되어야 한다는 것이 이재명의 생각이다. 정치와 무관한 것처럼 보이지만, 정치권에서 관심을 갖고 보호 육성하면 어디서든지 자리를 차지할 수 있고 뿌리를 내릴 수 있다. 문화 예술 체육 풍토를 다양하게 만들어야 한류는 더 크고 넓게 진작될 수 있다. 그런 세상의 기초를 만들 수 있도록 하는 사람이 바로 대통령이다.

지금 지구촌 곳곳에서 한류(韓流, Korean Wave) 열풍이 뜨겁게 불고 있다. 한류는 대한민국의 대중문화를 포함하여 한국과 관련된 것들이 대한민국 이외의 나라에서 인기를 얻는 현상을 일컫는 말이다. '한류'라는 단어는 1990년대에 대한민국 문화의 영향력이 타국에서 급성장함에 따라 등장한 신조어이다.

초기 한류는 아시아 지역에서 주로 드라마를 통해 발현되었으며 이후 K-POP으로 분야가 확장되었다. 2010년대에 들어서는 동아시아를 넘어 중동, 아프리카, 라틴 아메리카, 동유럽, 러시아, 중앙아시아 지역으로 넓어졌으며, 최근에는 북아메리카, 서유럽, 오세아니아 지역으로까지 급속히 확산되고 있다.

한류에 해당되는 대한민국의 문화는 주로 음악, 한국 가요, K-pop. 드라마, 한국어, 스마트폰, 자동차, 한식 음식, 게임, 애니메이션, 웹툰 등 다양하다.

가을동화, 겨울연가, 대장금 등의 드라마를 비롯하여, 아이돌 그룹 동방신기, 소녀시대, 걸그룹, 강남스타일, 방탄소년단 등이 한류를 이끌었다. 최근엔 넷플릭스 드라마 '오징어 게임'에 제주도가 열풍에 휩싸였다. 오징어 게임이 공전의 히트를 치면서, 외국 언론이 제주를 주목하고 있다. 미국 뉴스위크는 최근 기사에서 오징어 게임 참가자가 방문하고 싶어 한 제주를 '한국의 하와이'로 소개했다.

코로나19 팬데믹에도 불구하고 2020년 기준 39개국의 1,699개 학교에서 한국어를 채택하여 약 16만 명이 한국어를 배웠다고 한다. 정말 엄청난 숫자다. 전 세계에서 두 번째로 인구가 많은 인도에서는 한국어를 제2 외국어로 채택했고, 베트남도 한국어를 제2 외국어로 지정해 초등학생 때부터 가르친다.

한국어를 단순히 외국어로 설정하는 것과 제2 외국어로 채택하여 교육하는 것은 큰 차이가 있다. 단순히 한국어를 배우는 것이 아니라 일상생활 속에서 한국어를 사용하고 있다는 것이다.

정부는 해외에서 외국인들이 배우는 한국어 교육 외에도, 우리나라 재외동포들의 한국어 교육에도 힘을 실어주는 한국어 교육 정책을 실시하고 있다. 언어는 그 민족의 정신과 문화를 표현하며 사물을 인식하는 일정한 가치관이 담겨있는 힘을 가지고 있다.

이재명 후보는 이러한 흐름을 타고 한류 바람을 더욱 일으켜서 대한민국의 위상을 지구촌에 널리 펼치겠다는 생각이다.

국제화 시대의 길

지금은 국제화의 시대이다. 옛말에 '말(馬)은 제주도로 보내고 사람은 서울로 보내라'거나 '우물 안 개구리'라는 말이 있다. 개구리가 제 아무리 날고 뛰어 봐야 좁은 우물 안이라는 뜻이다.

지구촌이 하나의 지역처럼 세상이 좁아지고 있다. 우리도 88서울올림픽을 계기로 1989년부터 해외여행 자유화가 열렸다. 특수층이나 다니던 해외여행을 국민들도 누구나 안방처럼 드나드는 시대를 맞았다.

이제 정치와 군사적으로는 국경이 있어도 경제, 문화 예술, 스포츠 등 많은 분야에서 지구촌 사람들은 모두 하나라는 공감대가 뿌리를 내리고 있다.

각 국가별 장점을 서로 나누고 공유함으로써 가장 효율적이고 생산적인 성과를 가져오는 것, 그것이 바로 외교의 첫걸음이자 국가 위상을 높이는 지렛대가 되고 있다. 정부가 그 길을 제대로 닦아 놓아야 한다.

진정한 외교란 이웃 나라에 가서 어떤 것 하나 건질 게 없을까? 하고 두리번거리는 것이 아니라 강대국들의 군축에 중매쟁이 역할도 하고, 첨단 기술이나 문화적 자산을 수출할 수 있는 길을 열어 주는 것이 정부가 할 일, 대통령의 일이다.

세계 각국의 대사들이 자국을 대표하여 타국에서 자리매김하는 것을 우리는 외교부의 대사관이라 일컫는다.

지금도 꽤 많은 국민들이 생각하는 박정희 전 대통령이 서독을 방문했을 때 파독 광부들의 노고를 위로하는 자리에서 함께 뜨거운 눈물을 흘린 장면이 진심어린 한국 외교의 한 장면이 아니었을까.

인사가 만사인 이유

대통령이 나라를 다스리는 데 가장 중요한 것은 행정부를 포함한 정부 조직을 관장하는 인사 정책이다. 헌법 제66조에 따라 국가를 대표하여 외국과 조약을 체결하고 명분이 생기면 전쟁을 선포할 수도 있으며 국회의 동의를 얻어 대법원장, 헌법재판소장, 감사원장 등 국가 주요 기관의 장을 임명할 수 있다.

헌법 개정이나 국가의 중요 정책을 결정할 때 이를 국민투표에 부칠 수 있고 국가에 위태로운 상황이 생겨 긴급조치가 필요할 때에는 긴급명령이나 계엄을 선포할 수도 있다.

행정부의 수장으로서 행정부를 지휘·감독하고 국군 통수권자로서 육해공군 등 전군의 최고 지휘권을 갖기도 한다.

국무총리, 국무위원, 각부의 장관 등 행정부의 고위 공무원을 임명하거나 해임하고 법률안 거부권으로 국회를 견제하기도 한다. 이러한 대통령에 대해 헌법 제70조는 대통령의 임기는 5년 단임으로 제한하여 중임할 수 없도록 했다.

헌법 제72조에서는 외교·국방·통일 기타 국가 안위에 관한 중요 정책을 국민투표에 부칠 수도 있다. 그렇다면 대통령의 인사가 왜 만사인지 분명해진다. 그만큼 중요하다는 말이다.

대통령 자신이 원하는 사람은 국민과 언론이 질타해도 개념 하지 않고 임명하고, 자기 마음에 들지 않는 사람은 학식과 경륜이 훌륭해도 기용하지 않는다면 인사의 공정성과 기본을 어기는 것이 된다.

이른바 선거 캠프의 인사에겐 앉아야 할 자리와 자신이 적임자인지의 여부는 중요하지 않고, 오직 대통령의 의중이 중요하게 작용하는 경우가 많다. 이런 인사를 가리켜 논공행상 보은인사라고 한다. 대선 과정에서 수고 많았다며 고마워서 한 자리 주는 것이라, 누가 감히 말할 수 있을까.

문제는 어떤 조직이나 단체든 인사권과 결재권을 가진 대표 자리에 임명하려면 해당 조직에 대한 경험이나 장악력, 전문성, 특히 인성을 갖추었는지가 중요하다. 더구나 정부의 중요한 자리를 논공행상 낙하산 인사를 한다면 제대로 된 통치를 하기가 어려워진다.

선거를 잘해야 하고 통치 리더십이 탁월한 인물을 대통령으로 뽑아야 나라가 발전하고 국민의 삶이 좋아진다. 반대로 무능한 인물을 잘못된 여론몰이에 휘말려 대통령으로 선출하면 나라는 엉망이 되고 국민들은 고통스런 삶을 이어가게 된다.

정치인의 말과 역사 인식

우리가 자신의 생각을 표현할 수 있는 수단은 말과 글이다. 그렇기 때문에 말과 글은 우리의 삶에서 상당한 비중을 차지할 수밖에 없다. 특히 정치 분야를 놓고 보면, 정치에서 말이 차지하는 비중은 절대적이어서, 최소한 80% 이상이라고 생각한다.

그래서 정치인들은 말에 신중해야 하고, 자신의 말이 국민들에게 어떻게 받아들여질까를 먼저 생각해야 하는 것이다. 말을 잘못하여 뒤집거나 품위 없는 말을 하면 인격이 떨어지고 표가 날아간다.

국민의힘 윤석열 후보는 말과 관련해 상당한 장점을 가지고 있는 정치인이다. 그가 구사하는 언어는 일단 쉽다. 쉬운 언어의 사용은 정치인에게 있어서 상당히 중요한 강점이다. 전달력이 뛰어나다는 뜻이다. 이런 장점 이외에도, 윤 후보는 국민들에게 솔직하다는 인상을 주는 정치 신인이다. 이 점 역시 그의 장점이라고 할 수 있다.

하지만 모든 일이 그렇듯이 과해서는 안 된다. 솔직함이 과할 경우에는 실수가 자주 나올 수 있다. 솔직함과 신중함이 함께 가야 하는데, 그에게는 신중함이 부족하다는 뜻이다. 그동안 윤석열 후보는 많은 실언 논란에 시달렸다. 그럼에도 실언이 또 터졌다. 왜 그럴까?

이번에는 전두환 씨에 관한 문제다. 윤 후보는 "전두환 대통령이 잘못한 부분이 있지만, 군사 쿠데타와 5·18만 빼면 정치는 잘했다고 말하는 분들이 많다. 호남에서도 그렇게 말하는 분들이 꽤 있다"고 말했는데, 이 말에 논란이 일어났다. 그러자 윤 후보는 "정치를 다 잘했다는 게 아니라 권한 위임 측면에서 배울 점이 있다는 취지였다"고 해명했지만, 만일 본인의 뜻이 그랬다하더라도, "정치는 잘했다"라고 말하면 그 발언에 도저히 동의할 수 없는 사람들의 시비를 피할 수 없게 된다.

전두환 정권 시절에 전국 대학에서 많은 학생들이 "독재 타도"

와 "민주주의"를 외쳤고, 스스로 목숨을 끊은 사람까지 있었다는 사실을 기억하면, 전두환 정권에 대해 그렇게 말해서는 안 된다. 문제는 단순히 실언으로 돌리기에는 부담이 크다. 이는 정치인의 역사 인식에 관한 문제로 이어진다. 그래서 정치인의 역사 인식은 매우 중요하다.

역사 인식을 통해 국민들이 정치인에게 신뢰와 공감을 할 수도 있고, 신의를 잃을 수도 있기 때문이다. 이런 역사 인식에 관한 문제는 보수 진보의 문제가 아니라, 역사라는 사실적 현상과 사회적 공감대가 걸려 있기 때문이다.

역사 인식에 따라 민주주의의 가치와 이념이 흔들리고 그 사실이 혼돈될 수도 있다. 민주주의의 가치는 소수 의견도 제도에 반영되는 특성이 있다. 이런 가치를 실현하기 위해 대의민주주의는 협상과 타협을 원칙으로 한다. 협상과 타협을 통해 민주주의는 소수 의견도 높이 받들어 제도에 반영하는 경우가 있다. 이는 민주주의 본연의 가치에 충실하자는 의미이다.

민주주의 체제란, 협상과 타협에 긴 시간이 소요되기 때문에 때로는 효율적인 체제가 아니라는 말을 듣기도 한다. 하지만 가장 효과적인 제도를 만들 수 있는 체제라는 것만은 아무도 부인할 수 없다.

다수결은 민주주의의 진정한 가치가 아니라, 민주주의의 가치를 실현하기 위한 하나의 수단이라는 점이다. 가치와 수단을 혼동해서는 안 된다. 수단이 정당했다고 그 결과가 민주주의 기본 원칙과 가치에 충실했다고 말할 수는 없다. 그런데도 국회나 지방의회에서는 다수결의 횡포가 종종 발생한다.

문재인 정권에서도 다수당인 여당 단독으로 처리된 법안들이 상당하다. 그 사례를 보면, 분명 절차적으로는 문제가 없지만, 민주주의의 기본 원칙과 가치에 충실했다고는 볼 수 없는 일들이 반복되었다. 흥미로운 일은 다수당인 여당에서 민주주의 가치를 훼손하면서까지 법을 만들고 있다는 사실이다. 문제는 그렇게 만들어진 법률 때문에 엄청난 부작용이 발생했는데도 정부 여당은 책임지지 않는다는 점이다.

책임지는 모습은커녕 상황을 자의적으로 해석하고 그 피해를 고스란히 국민들에게 떠넘긴다는 사실이다. 이는 책임 정치의 원칙마저 훼손하는 것이다. 민주주의의 가치를 훼손하면서 밀어붙이는 법안이, 민주주의의 가장 기본적인 권리와 관련돼 있는 사안이라는 것이 역사의 진리이다.

파란색, 빨간색의 차이

제20대 대통령 선거전에 더불어민주당 후보로 나서는 이재명은 서울 송파구 올림픽공원 SK올림픽핸드볼경기장에서 열린 민주당 서울 합동연설회에서 수락연설을 통해 "경제와 민생에 파란색, 빨간색이 무슨 상관인가? 유용하고 효율적이면 진보·보수, 좌파·우파, 박정희 정책, 김대중 정책이 무슨 차이가 있는가? 국민의 지갑을 채우고, 국민의 삶을 개선할 수만 있다면 좌우 가리지 않고 과감하게 채택하고 실행하겠다"고 굳게 다짐해 박수를 받았다.

이 후보는 여당의 대선 후보로 선출된 이래 진행된 지역을 순회하면서 대선 행보를 본격적으로 하면서 수많은 지지자 확보에 열을 올리고 있다.

이재명 후보 앞에는 대장동 의혹이라는 대형 걸림돌이 놓여 있긴 해도 장애물을 뛰어넘어 청와대 입성을 향한 길목을 다지고 있다. 그는 기자회견에서 "사실 대장동 설계는 내가 한 것"이라고 말했고, TV 토론에선 "내가 부정을 하거나 1원이라도 이득을 봤다면 후보 사퇴하고 공직에서 다 사퇴하겠다"는 비장한 각오도 보였기에 검찰의 칼끝은 결국 '설계자'를 향할 수밖에 없는 상황이다. 그의 말처럼 앞으로 민주당 정책 역시 교조적 이념에서 벗어나서 민주주의 대한민국이 더 한층 발전하는 나라가 되기를 바라는 마음 간절하다.

다만 우려스러운 것은 그의 대표 공약인 기본정책 시리즈를 좀 더 다듬어야 할 것이라는 점이다. 기본소득·기본주택·기본금융 시리즈는 주요 선진국 가운데서도 전례가 없는 일이기 때문이다. 그런 정책을 덜컥 편 뒤에 혹시라도 문제가 생긴다면 수습하기가 어려울 것이기 때문이다. 남이 하지 않는 일을 실행할 때는 만반의 준비와 철저한 점검이 필요하다. 돌다리도 두들겨 보는 신중함이 필수이다.

문재인 정부에서 시행했다가 별로 성과를 내지 못한 채 긍정적 효과보다 부작용이 더 컸던 소득주도성장이 반면교사인 것이다. 그가 대선 후보 선출 수락연설에서 "대통령이 되면 당선 즉시 강력한 '부동산 대개혁'으로 부동산 불로소득 공화국이라는 오명을 없애겠다"고 다짐한 것을 국민들은 기억하고 있다. 이 또한 문 정부가 저지른 실패를 교훈으로 삼겠다는 것으로 국민들은 받아들이고 있다.

그는 3월 대선을 '부패 기득권과의 최후 대첩'으로 규정해 놓았다. 상대방을 적폐로 몰아붙이면 통합의 정치는 설 자리가 없어진다. "편을 가르지 않는 통합의 대통령이 되겠다"는 의지를 실천으로 보여줄 때 진정한 지도자로서 존경받을 것이다.

○。
~~~~~~~~~

세상을 변하게 하라
진짜 뉴딜은 기본소득
약속은 현실이 된다
일산대교 무료화 추진
지도자의 종교 인식
도지사로 마지막 출근
평화의 길 열어갑시다
한 가지를 꼭 해야 한다면

VI

개혁의 리더

06 개혁의 리더

세상을 변하게 하라

이재명은 "세상이 변하지 않으면 내가 바꾼다."고 말한다. 그만큼 세상을 바꾸고자 하는 정치인이다. 그는 별명이 많다고 스스로 인정한다. 도대체 어떤 별명이 붙어 있을까?

변호사 사무실을 열었을 때 '이변'이란 별명이 붙었다. 이 말은 '이재명 변호사' 여섯 글자로 두 글자로 줄인 말이다. 소년공 이재명이 변호사가 되었으니 이변(李辯: 이 변호사라는 뜻)은 엄청난 이변(異變: 괴이한 변고)이 생긴 것이다.

인권변호사로 민생을 대변하는 과정에서 치열한 법적 논쟁을 펼쳐 '싸움닭'으로 불렸다. 불의와 불공정에 참지 못하고 대든다하여 생긴 별명이다. 무슨 일이건 절대로 타협하지 않고 끝까지 물고 늘어진다 하여 '불독'이라는 소리도 들었다.

유명한 별명은 '작살'이다. 인터넷 방송에 출연했을 때 진행자가 "만약 대통령이 된다면 제일 먼저 뭘 하겠느냐?"고 묻자 대뜸 "작살부터 내야지요"라고 해서 붙은 별명이다. SNS를 통해 펼치는 논리가 바르고 속 시원하다 하여 '사이다'가 되었다.

불명예스러운 최악의 별명은 '뺑소니'다. 성남시의회가 주민 1만 명이 참여해 만든 성남시립병원 설립조례를 단 47초 만에 부결하자 즉시 항의했는데 특수공무집행방해죄로 체포령이 떨어지자 인근의 교회 지하실로 피신하는 바람에 도피자 뺑소니 딱지가 붙고 말았다.

지금은 세상을 바꾸겠다고 하여 '개혁의 기수'로 불린다. 어쨌거나 이 별명은 좋은 것이라고 여긴다.

진짜 뉴딜은 기본소득

인간의 삶에서 재난은 불청객처럼 찾아온다. 재난은 사회를 더 불평등하게 만들기도 하고, 더 평등하게 만들기도 한다. 재난은 아주 특별한 정치의 공간을 열어준다. 살아남으려면 변해야만 하는 재난의 시기에, 정치는 평소라면 엄두도 내기 힘든 큰 변화를 만들어낼 수 있다.

1990년대 한국의 외환위기는 불평등한 각자도생 사회를 만들었다. 제2차 세계대전 이후 선진국들은 극적인 평등화를 경험했다. 부자와 빈자의 격차가 인상적으로 줄어드는 현상이 나타났다. 운명은 정해져 있다고 하지만 그렇지 않다.

우리가 어느 길로 가려고 하는가가 더 중요하다. 이런 집단적 결정을 만들어내는 일이 정치의 본령이다. 코로나19 팬데믹 시대가 이어지면서 '뉴딜'이 화두로 떠올랐다. 역설적으로 코로나19 시대의 '뉴딜'은 정치의 무대를 장식하는 키워드가 되었다.

'뉴딜'은 무엇인가? 말 그대로 새로운 사회계약이다. 재난이 가져다주는 고통은 사회의 가장 취약한 곳을 때린다. 이 고통을 어떻게 나누어 져야 할까? 재난은 본질상 새로운 사회계약을 요구하므로, 코로나19 시대에 '한국판 뉴딜'이 화두로 떠오르는 것은 당연하고도 자연스럽다. 재난기의 새로운 사회계약을 만드는, 정치의 본령에 이토록 가까운 일을 할 기회는 정치가들에게도 흔치 않다.

한 언론은 이재명 후보에게 질문을 던졌다.

"그렇다면 코로나19 시대에 '한국판 뉴딜'은 무엇이고, 왜 기본소득이 진짜 뉴딜인가?" 그의 대답은 복잡하게 이어졌다.

"코로나19는 우리 미래를 바꿨다기보다는 어차피 맞이해야 할 미래를 앞당기고 있다. 기본소득은 미래에 대비하는 전략인데, 미래가 빨리 오기 시작했다."

미래가 빨리 오고 있다니 도대체 무슨 말인가?

"과학기술 혁명이 전 인류를 새로운 상황으로 내몰 것이다. 인간의 노동으로 무언가를 만들어낸다는 개념이 깨지는 시대다. 예를 들어 유튜브나 게임 산업은 이용자가 늘어나도 필요한 노동력은 거의 늘지 않고 오히려 줄어든다. 이른바 4차 산업혁명이 가져올 변화다. 자본주의라는 게 수요와 공급의 두 바퀴로 굴러가는 건데 둘의 균형이 깨진다. 일시적으로 안 맞는 게 아니고 구조적으로 깨진다. 공급 쪽 바퀴는 갈수록 커지는데 수요 쪽 바퀴는 체계적으로 줄어든다.

기술 혁신이 일자리를 줄인다는 주장은 경제학계에서도 논쟁이 끝나지 않았다. 그 초입 문턱에 들어서고 있지만 아직은 체감이 잘 안 된다. 코로나19는 이 디지털 경제를 가속시켜서 곧 우리가 체감하게 만들어 줄 것이다."

그렇다면 그 대안이 왜 기본소득인가?

"지금까지 기본소득은 주로 복지정책으로 논의됐다. 나는 더 큰 요소가 있다고 본다. 기본소득은 성장 전략이다. 공급 바퀴는 너무 커지고 수요 바퀴가 갈수록 작아지는데, 바퀴가 두 개면 작은 바퀴 크기만큼만 굴러갈 수 있다. 공급 바퀴를 키우는 건 이제 소용이 없고 수요 바퀴를 키워야 한다. 이미 일본에서 헬리콥터 머니라고 국민들한테 돈을 줘봤는데 이게 작동을 안 했다. 다 저축해 버렸다. 엔화로 주니까 언제든지 빼 쓸 수 있어서 그렇다. 소멸시효가 있는 지역화폐로 주면 된다. 내가 성남시장 시절에 실험해 본 것이다."

이재명표 기본소득은 뭐가 다른가?

"복지를 축소하면 안 된다고 생각하는 사람이다. 어려운 곳을 메워야 하잖나. 내 제안은, 미래에 확대되는 지출 중 일부는 기본소득으로 돌려서 경제 선순환 기능을 하도록 하자는 것이다. 이러

| 제2차 한국판 뉴딜 전략회의에서 발표하는 이재명

면 정책 간 경쟁도 된다. 기존 복지제도와 기본소득 중에서 결과가 더 효율적인 쪽에 비중을 두면 된다."

'진짜 뉴딜은 기본소득이다'라고 생각하는 이유는 무엇일까?

"쉽게 말해서 '실업자 구제를 위한 증세'와 '기본소득을 위한 증세'의 차이다. 어느 쪽을 국민이 동의하겠나. 고용보험으로는 증세 동력이 안 생기니까 결국 기존 재원 조정밖에 방법이 없을 것이다. 물론 당장은 할 수 있다. 하지만 일자리가 구조적으로 줄어든다는 것이 문제이다. 그래도 지금은 실업대책이 급하니까 고용보험을 해야 한다. 기본소득은 장기적 · 근본적 대책이어서 급하지도 않다. 다만 기본소득은 나의 필생의 정책이고, 코로나19 재난이 하나의 기회이기 때문에 여기에 주력한다."

이재명이라는 정치가의 생각은 단순한 것 같으면서도 매우 복잡하여 고등수학과도 같고 컴퓨터 미로처럼 얼키설키 얽혀 있다. 그는 현실을 파악할 줄 아는 실용주의 정치가이자 특유의 '사이다' 화법을 구사하는 달변가이다.

그는 상대가 무엇을 원하는지를 알고 대처하는 독특한 능력을 지닌 정치인이자 행정가이다. 어떨 때는 '사이다 정치인'이 되고, 또 어떨 때는 실용주의자가 되기 때문이다. 그의 독특한 능력은 숱한 위기에서도 기선을 잡는 수단이자 방편이다. 여당의 대선 레이스에서도 선두를 달리고 마침내 청와대로 들어갈 수 있는 티켓을 따냈다.

국민으로부터 칭찬받는 정치인이 살아남는다. 정책이란 게 동의하는 사람은 가만히 있고 반대하는 사람은 무섭게 저항하기 때문에 매우 섬세하고도 신중하게 다루어야 한다.

사실 그는 과격한 정치인의 대표 주자 같다는 말을 듣는다. 그는 아니라고 말한다. 할 일을 물러서지 않고 해서 그런 말을 들을 뿐이란다.

50만 원 정도를 공짜로 준다면 기본소득에 얹혀 사는 사람은 없을까?

"월 50만 원으로 살아갈 수 있는 사람이 얼마나 있겠나. 그 돈을 받는 기초생활수급자도 일을 안 할 이유가 없다. 수입이 생기면 기초생활수급자에서 탈락된다. 노동이 생존을 위한 고통의 과정이 아니라 자기실현을 하는 삶의 과정이다. 기술 혁명으로 생산성이 엄청 높아지면 우리 모두가 혜택을 봐야 할 것 아닌가. 현실은 그렇지 않다. 하루 8시간씩 힘들게 일하지만 수입은 한정되어 있다는 것이 문제이다. 노동의 성격을 바꿔야 한다. 그러면 창의적이고 인간성을 고양시키는 일자리가 많아지고, 사회가 더 풍요로워 질 것이다.

성남에서 시작한 지역화폐망이 지금은 경기도에 그물처럼 빼

곡히 깔려 있고, 코로나19 때문에 더 확실히 깔렸다. 지금은 기본소득 준비가 실무적으로 가장 앞선 나라가 한국이다. 보수에서도 기본소득을 들고 나올 정도니까 어마어마한 변화가 일어났다. 내가 요즘 우파라고 비난받는 게 엄청 행복하다."

Point 뉴딜(New Deal)

실업자에게 일자리를 만들어 주고, 경제 구조와 관행을 개혁해 대공황으로 침체된 경제를 되살리기 위해 프랭클린 D. 루스벨트 미국 제32대 대통령이 1933~1936년에 추진했던 경제 정책이다.

1933년의 '첫 번째 뉴딜 정책'은 경제의 전반적인 단기 회복에 초점을 맞추었다. 루스벨트 행정부는 은행개혁법, 긴급 안정책, 일자리 안정책, 농업 정책, 산업 개혁(NRA, 국가경제회복기구), 연방 차원의 복지 정책을 추진하고, 금본위제와 금주법을 폐지했다.

'두 번째 뉴딜 정책'(1935~1936년)은 노동조합 지원책, 공공사업진흥국(WPA)의 안정 프로그램, 사회보장법, 소작인과 농업 분야의 이주 노동자를 비롯한 농부들에 대한 원조 프로그램을 포함하고 있다. 미국 연방 대법원은 이들 정책을 위헌으로 판시했다. 그러나 국가경제회복기구(NRA)를 제외하고는 대부분의 정책들이 유사한 정책들로 교체됐다. 사실상 제2차 세계 대전의 시작과 함께 뉴딜 정책은 마감됐다.

약속은 현실이 된다

이재명 더불어민주당 대선 후보의 말은 곧 현실이 될 것이라는 이야기가 있다. 그는 제73주년 국군의 날을 맞아 "10만 명의 전문 전투 부사관과 군무원을 모집하는 '선택제 모병제'와 '전시작전통제권 조기 전환'을 공약해 관심을 모았다.

그는 사회관계망서비스 SNS 계정에 국군의 날을 맞아 올린 '국민과 함께하는 스마트 자주국방'라는 글에서 "우리 국가 안보가 나아가야 할 길은 튼튼한 한미동맹과 더불어 강력한 자주국방이다. 국군의 날을 맞아 제가 갖고 있는 국방정책의 큰 틀에 대해 말씀드리겠다"고 자신의 정책 구상에 대해 밝혔다.

"스마트 강군을 건설하겠다"고 했다. 이 말은 구한말 동학군이 일본군의 기관총에 전멸한 우금치 전투 사례를 설명한 것이다. "우리 군의 군사력 건설 방향은 명확하다. 바로 효율적이며 강한 군대를 만드는 것이다. 4차 산업혁명 시대 첨단 기술로 병력 수에 의존하지 않는 군대를 만드는 것"이라고 AI·무인화 등 첨단기술을 적용한 무기체계와 작전 지휘체계 수립을 내세웠다. 그가 밝힌 '스마트 강군' 줄거리이다.

"먼저 스마트한 군 구조로 혁신해야 한다. 부사관 및 군무원 등을 확충하여 군 인력을 전문화하며, 자율과 책임에 근거한 병영문화 혁신이 필요하다. 스마트 강군화 과정에서 우리 군의 당면 과제인 북한의 핵과 대량 살상무기(WMD)에 대응한 첨단 전력을 강화하고 전시작전통제권 전환을 조기에 실현해야 한다.

두 번째로 선택적 모병제를 도입하겠다. 전문성이 요구되는 직위에 10만 명의 징집병 대신 기술집약형 전투부사관과 군무원을 대체 투입하면 전문성이 강화되면서, 전투력이 높아진다. 징집병 규모는 대폭 감소되며 징집병은 상대적으로 전투 숙련도가 낮은 직위에 복무할 수 있기 때문에 자연스럽게 복무기간도 합리적으로 단축할 수 있을 것이다.

세 번째로, 국민과 함께하는 국방을 만들겠다. 국민이 주인의식을 가지고 국방에 직접 참여할 수 있어야 한다. 국민이 막대한 예산이 투입되는 국방력 건설을 검증할 수 있어야 하고 국방시설 등을 국민과 함께 공유 할 수 있어야 한다.

이에 대해 특별한 희생에 특별한 보상이 주어지듯이 지금까지 국가 안보를 위해 희생한 지역과 국민들에게도 적절한 보상이 주어져야 한다. 개방적이고, 참여가 보장되고, 공유하는 국방이 국민의 지지를 받을 수 있는 강한 국방의 원천이다.

대통령은 군통수권자다. 국방력 강화를 위해서는 대통령이 직접 국방을 챙겨야 한다. 다양한 안보 위협과 여러 가지 도전에 대응하여 민·관·군이 함께 지혜를 맞대고, 국민과 함께 한다면 군사 혁신과 스마트 자주국방을 꼭 이뤄낼 수 있을 것이다."

일산대교 무료화 추진

좋은 일에도 장애가 생긴다는 호사다마(好事多魔)라는 말이 있다. 일산대교 무료화로 이재명은 경기도지사 시절 구설수에 오른 일이 있다. '일산대교 무료화'로 전국 각지의 민간투자 사회간접자본(SOC) 사업에 경고등이 켜진 것이다.

경기도 내 최초의 민자(民資) 교량사업인 일산대교는 지난 2008년 개통했다. 총연장 1.6㎞, 왕복 6차선인 일산대교는 한강 다리 28개 중 유일한 유료도로이다. 일산대교 개통으로 한강 하구(河口)를 사이에 둔 고양과 김포 양 지역은 거리상 18.5㎞, 시간상 20분이 단축됐다. 민자사업으로 추진한 까닭에 승용차 기준 1,200원의 통행료를 징수하기 시작했다.

하지만 경기도지사로 더불어민주당의 유력 대선 후보인 이재명은 일산대교 무료화 의지를 밝히고 거듭 주장하면서 민자 SOC 사업자들은 사업권을 박탈당할 위기에 처한 국민연금공단의 대응 의지를 보였다.

일산대교 측은 "주무 관청인 경기도와 체결한 실시 협약이 차질 없이 이행될 수 있도록 적극 협의하겠다. 도로 이용자의 안전과 편의 제고를 위해 더욱 노력하겠다"면서 법적 대응을 들고 나왔다.

국토교통부에 따르면, 민간투자 방식으로 운영 중인 도로와 철도는 상당한 수준이다. 국토부가 관리 감독하는 교량·터널 포함 민자도로는 약 1,040㎞, 민자철도는 481㎞에 달한다. 경부고속도로와 경부고속철도의 총연장이 각각 416㎞와 423㎞인 것에 비하면 민자도로는 경부고속도로의 2배 이상, 민자철도는 경부고속철도 길이만큼이 되는 셈이다.

이재명 경기도지사는 "경제적 논리보다 교통기본권 회복이 우선이다. 국민들은 국가로부터 교통기본권을 보장받을 권리가 있다. 도로는 국가기간시설로 엄연한 공공재이고, 사기업일지라도 불합리한 운영으로 정부와 국민에게 과도한 부담을 지운다면 시정해야 한다"는 입장이었다.

일산대교 공익처분과 관련해 "국민연금, 배임·사기죄로 처벌받아야 한다"는 말이 나왔다. 이는 국민연금공단이 지분을 100% 가지고 있는 일산대교를 주무 관청인 경기도가 일방적인 결정을 통해 '공익처분을 하겠다'라고 한 때문이다.

'사회기반시설에 대한 민간투자법'상 민자사업의 주무 관청은 공익을 위해 필요한 경우 해당 시설물의 변경, 이전, 제거 등 필요한 처분을 할 수 있게 되어있다. 이를 근거로 일산대교의 민자사업 관리운영권을 가져오고, 그 손실을 보전해주어야 한다는 것이다.

한편에서는 이재명 후보가 대선을 앞두고 선심성 행정을 하는 것이 아니냐? 하는 의혹을 제기하면서 일이 커졌다.

이에 대해 이재명은 자신의 SNS를 통해 "이자 때문에 생긴 회사 손실은 도민 세금과 통행료로 메우는 것이 옳지 않으며, 한강 다리 가운데 유일한 유료 다리인 점, km당 요금이 터무니없이 높다고 하면서 공공기관이 이런 행위를 해서는 안 된다. 공익처분이 무상으로 빼앗는 것이 아니고, 당연히 법률에 정한 절차와 기준에 따라 수익률을 존중하여 보상할 것"이라고 밝혔다.

그는 "8~20%의 초고리 이자를 내고 손해 봤다면서 세금으로 수익 보장 지원을 또 받고 있다. 초저금리 시대에 3% 이자면 얼마든지 빌릴 수 있는데 8~20% 사채급 이자를 주고 돈 빌리는 것 자체가 배임죄 아니냐?"라고 꼬집었다. 그가 언급한 '배임죄'의 바탕은 무엇일까?

현재 일산대교는 그 자체가 별도 법인인 '일산대교(주)'에서 관리하고 있다. '일산대교(주)'의 지분은 2009년 이후 100% 국민연금이 인수한 상태다. 다리 건설에서 지분 인수까지 들어간 총 액

수는 2,500억 원이 넘는다.

그렇다면 일산대교위 주인은 누구일까? 국민연금의 소유인가. 그렇지는 않다. 국민연금은 경기도에 일산대교를 기부 채납했을 뿐, 2038년까지 30년간 유료로 일산대교를 운영하며 통행비를 받겠다는 협약을 체결한 상태다. 경기도가 소유하고 있는 교량을 국민연금이 소유한 일산대교(주)가 빌려, 통행 요금을 받아 관리하고 운영하고 있었던 것이다.

국민연금이 일산대교(주)를 인수한 것은 2009년이다. 그때 일산대교(주)는 매년 100억 원씩 적자를 냈다. 다리를 이용하는 인구가 많지 않았던 탓이다. 상황이 달라진 것은 일산, 김포, 파주의 인구가 늘어난 다음, 정확히 말하면 김포 신도시에 입주가 시작된 뒤다. 그럼에도 2009년부터 2017년까지는 적자를 면치 못했고, 2017년에 이르러서야 순이익을 내기 시작했다. 지난해에는 294억원 매출에 순이익 43억 원을 올렸다.

9월 현재 일산대교의 통행료는 경차 600원, 소형 1종 1,200원, 중형 2~3종 1,800원, 대형 4~ 5종 2,400원이다. 일산대교를 이용하는 운전자 처지에서는 무료로 이용 가능한 다른 한강 다리와 달리, 통과할 때마다 돈을 내야 한다는 사실 자체가 마음에 들지 않았다. 이재명은 바로 그런 심리를 공략하고 있는 것이다. 도대체 무엇이 문제인가?

이재명은 페이스북과 트위터에 글을 올렸다.

"국민연금공단은 일산대교(주) 단독주주인 동시에 자기대출 형태로 자금차입을 제공한 투자자이다. 국민연금공단은 출자 지분 100% 인수 이후 2회에 걸쳐 통행료 인상을 했을 뿐만 아니라 선순위 차입금은 8%, 후순위 차입금은 최대 20%를 적용해 이자를 받고 있다. 해 먹어도 적당히 해 먹었어야지. 이자율 20% 악덕 사채업자인가? 도로는 국가 기간시설로 엄연한 공공재이다. 사기업일지라도 불합리한 운영으로 정부와 국민에게 과도한 부담을 지운다면 시정해야 한다. 하물며 국민연금으로 운영하는 국민연금공단의 사업은 수익성과 공공성을 함께 고려하는 것이 당연하다."

지도자의 종교 인식

"이재명은 차기 대통령으로 선출될 사람이다."

2021년 국정 감사장에 등장한 문구이다. 그가 정권 교체의 적임자라는 주장이다. 민주당 일각에서는 이재명이 대통령이 된다면 문재인 정부를 이어가는 것이 아니라 새로운 개혁의 깃발을 높이 들고 새로운 나라 대한민국을 만들 것이므로 정권 교체라라고 말한다.

이재명 후보의 대장동 의혹을 둘러싸고 야당은 물론 여야당과 이재명 캠프 주변에서 종교 논쟁이 불거졌다.

"국가 지도자는 안보든 경제든 국민들한테 중요한 영향을 미칠 수 있는 의사결정을 해야 하기 때문에 미신이나 무속, 사이비 종교에 치우쳐서는 안 된다. 일반 시민은 믿을 수 있겠지만 국가 지도자는 그러면 안 된다고 생각한다. 정치와 종교의 분리, 정치는 과학의 영역이 돼야 하고 그걸 판단해야 한다."

야당에선 "이재명 후보가 대장동 게이트의 주범이라고 생각한다. 이 후보같이 똑똑한 사람이 그걸 모르고 그랬을 리가 없다."고 했다. 그런가 하면 당의 대통령 후보 선출 때 이재명 경선 캠프에서 총괄특보단장을 맡았던 국회의원이 "이 후보가 특정 종교에 개입했다는 소문이 나돌아 3차 선거인단 투표에서 무너졌다"고 말해 파란을 일으켰다. 특정 종교의 개입 가능성을 내비쳤던 것이다.

그 의원은 한 라디오 '한판승부'에 출연해 3차 선거인단 투표 결과에 대한 질문을 받고 "대장동에 대한 심판인지, 아니면 일각에서 이야기 하는 역선택인지, 그도 저도 아니면 특정 종교의 개입인지 하루 종일 여론조사 전문가들과 분석해 봤다. 다만 결론이 나지 않았고, 검증할 수도 없어 여기에 시간을 보내는 것이 무의미하다고 결론 냈다"고 말했다.

그러자 "이재명 후보가 특정 종교에 개입했다는 가능성이나 근거가 있느냐?"는 질문이 나왔다. "이렇게 34% 차이로 이 후보가 진 것은 여러 가지 추측이 가능하겠지만 이것은 통제 가능한, 그리고 보안이 유지되는 그러한 조직이 개입됐다는 그런 소문도 있기 때문에 말씀을 드린 것이다. 그 역시도 나는 의미가 없다고 본다."고 밝혔다.

도지사로 마지막 출근

"자랑스러운 민선7기 경기도지사 임명장을 받은 지 오늘로 1,213일째다. 주어진 임기를 다하지 못하고, 도지사로서 마지막 인사를 드리게 되어 대단히 아쉽고 송구하다. 부족한 점이 많은 저를 굳게 믿고 응원하고 격려해 주신 도민 여러분께 감사드린다."

그가 경기도지사로서 마지막 출근한 2021년 10월 25일, 경기도청에서 퇴임 기자회견에서 한 말이다.

민선7기 경기도지사로 취임할 때 '새로운 경기, 공정한 세상'을 만들겠다고 선언했지만, 물러나는 길이 여당의 차기 대통령 후보로 선출되어 도지사 지리를 내놓은 것이다. 그는 "공정의 가치를 경기도 행정에 뿌리내리기 위해 최선을 다했다. 공정은 우리가 공동체를 이루어 살아가는 데에 있어 가장 기본적이고도 중요한 가치"라고 스스로 평가했다.

그가 도지사로 있었던 3년 동안 "모두가 동등한 기회를 누리고, 노력한 만큼 정당한 몫을 보장받는 경기도, 억울한 사람도 억울한 지역도 없는 경기도, 한반도 평화가 시작되는 경기도, 도민 누구나 최소한의 삶을 누릴 수 있는 경기도를 만들기 위해 노력해 왔다"고 술회했다. 그러면서 "100억 원 미만 공공건설 표준시장 단가제 도입, 공공기관 이전 추진, 불법 계곡하천 정비 사업, 지역화폐 확대, 배달특급, 기본소득, 기본주택, 기본금융 도입 등 주요 정책으로 공정한 사회를 만들었다. 수술실 CCTV 설치, 청소·경비 노동자를 위한 휴게실 설치 법제화, 지역화폐를 비롯한 다양한 경기도의 정책들이 전국으로 확산되고 있다"고 꼽았다.

특히 "이러한 정책들을 추진하는 과정에서 힘들고 어려운 순간들도 있었지만 좌절하지 않고 진행해 왔고 만족할만한 성과도 거두었다. 그래서 경기도의 정책이 대한민국의 표준이 됐다는 말을 들었다"고 말했다.

그는 "경기도민이어서 자랑스럽다는 도민들을 만나면서 경기도지사라는 일꾼으로서 말할 수 수 없는 보람을 느꼈다. 이제 지난날들을 돌아보니 3년 동안의 세월은 수많은 위기의 연속이었다. 그러나 고비마다 도민 여러분의 따뜻한 격려와 성원이 있었기에 힘을 낼 수 있었다"며 경기도민에게 감사의 마음을 전했다.

그는 도지사로서의 마지막 인사로 "1,380만 도민의 삶을 책임지는 자리에서 5,000만 국민의 삶을 책임지는 나라의 대표 일꾼이 되고자 새로운 도전에 나섰다. 대한민국이 부러워하는 경기도를 만들었던 것처럼, 대전환의 위기를 대도약의 기회로 삼아 전 세계가 부러워하는 선도국가 대한민국을 만들겠다"고 다짐했다.

경기도지사로서 마지막 업무 일정은 10월 25일 오후 4시 질병 정책과 코로나19 대응에 힘쓰는 관련 공무원들을 만나 격려하며 감사의 인사를 전하는 것으로 마쳤다.

그는 모든 일에 자신감을 가지고 있는 정치인이다. 문재인 정부에서 뒤죽박죽으로 혼선을 거듭하면서 가격만 천정부지로 올려놓은 부동산 정책도 개혁하고 바로 잡겠다는 자신감을 갖고 있다. 과연 해낼 수 있을까? 걱정하는 사람들이 많다는 것도 인정한다.

"부동산 문제 때문에 대다수 국민이 고통 받는 이 현실은 얼마든지 시정할 수 있다. 그 점에 대해선 매우 자신 있다는 말씀을 드린다. 부동산 정책이 성공적이지 못했다는 것은 문 정부도 이미 인정하고 있는 것이다. 제도적으로 얼마든지 100% 개발이익 환수가 가능하게 만들면 불로소득으로 상실감이나 소외감을 느끼는 걸 시정할 수 있다."

더불어민주당 이재명 대선 후보는 경기도지사직에서 사퇴하고 대선 가도에 들어서면서 밝힌 말이다. 대장동 개발 특혜 의혹에 대한 논란의 종지부를 찍고 본선 경쟁력을 내세우겠다는 자신감으로 해석된다.

그는 공직선거법상 사퇴 시한인 대선 90일 전인 2021년 12월 9일보다 한 달 정도 빨리 도지사직을 내려놓았다. 경기도청에서 퇴임 기자회견을 열고 "주어진 임기를 다하지 못하고 이렇게 인사를 드리게 돼 대단히 아쉽고 송구하다. 성남시장도 세 번하고 싶었는데 도지사 선거 때문에 두 번만하고 물러났다. 경기도지사는 첫 임기도 다 채우지 못하고 그만 두게 되어서 도민들께 죄송하고 정말 아쉽다"고 말했다.

"1,213일 동안 경기도지사 활동을 하고 물러나면서 되돌아보니 높은 공약 이행률을 남긴 것이 자랑스럽다"고 꼽았다. 그는 "그동안 경기도지사로서 약속한 공약의 98%를 달성한 것으로 평가된다. 경기도의 정책은 대한민국의 표준이 됐다"고 자화자찬을 이어갔다.

이재명 후보는 경기도지사에서 물러나 여당 대선 후보로 공식 행보를 시작했다. 송영길 대표 등 당 지도부와의 호흡도 맞추면서 필승 전략을 펴고 있다. 경선 과정에서 논란이 됐던 '이심송심'(이재명과 송영길이 통한다)이 본선까지 얼마나 효과를 발휘하는지가 승패에 중대한 영향을 미칠 수 있다는 것이 일반적 견해이다.

철저하게 당 중심으로 선거운동이 전개될 경우 이 후보와 송 대표가 충돌할 가능성도 배제할 수 없다는 전망이 있다. 실제로 2017년 대선 때에도 당시 문재인 후보와 추미애 대표가 선대위 인선을 놓고 극심한 갈등을 겪었다. 또 2012년 대선에서는 이해찬 당시 대표가 최고위원회의에서 문재인 후보에게 전권을 주자고 의결을 주도한 뒤에 한 발 물러선 사례가 있다.

평화의 길 열어갑시다

그는 경기도지사 퇴임사를 통해 "평화의 길 열어 가자"고 호소했다.

존경하는 1,380만 경기도민 여러분!

인사드립니다. 경기도지사 이재명입니다.

주어진 임기를 다하지 못하고, 도지사로서 마지막 인사를 드리게 되어 대단히 아쉽고 송구하다는 말씀드립니다. 오늘은 도민 여러분께 영광스러운 민선7기 경기도지사 임명장을 받은 지 1,213일째 되는 날입니다.

그동안 도지사의 1시간은 1,380만 시간과 같다는 각오로 도민의 뜻을 받들었습니다. 부족한 점이 많은 저를 굳게 믿고 응원하고 격려해 주신 도민 여러분께 진심으로 감사드립니다. 이 자리를 빌려 지난 6월 기준, 경기도 공약 이행율 98%를 달성했다는 기쁜 소식을 경기도민 여러분께 자랑스럽게 보고 드립니다.

민선 7기 경기도는 '새로운 경기 공정한 세상'을 표방하며 공정의 가치를 뿌리내리기 위해 최선을 다했습니다. 공정은 우리가 공동체를 이뤄 살아가는 데에 있어 가장 기본적이고도 중요한 가치이기 때문입니다.

규칙을 지켜서 손해 보지 않고, 규칙을 어겨 이익을 볼 수 없다는 믿음이 확고할 때 나라가 흥성할 수 있습니다. 누구나 기회를 누리고, 노력한 만큼 정당한 몫을 보장받는 사회라야 희망이 생기고 활력이 넘칩니다. 모두를 위한 희생에 특별한 보상이 주어지는 게 상식으로 자리 잡을 때 공동체를 위한 헌신이 빛을 발할 수 있습니다.

그래서 '새로운 경기 공정한 세상'은 시대의 과제이자 제 소명이었습니다. 지난 3년 여간 누구나 동등한 기회를 누리고, 노력한 만큼 정당한 몫을 보장받는 경기도, 억울한 사람도 억울한 지역도 없는 경기도, 한반도 평화가 시작되는 경기도, 도민 누구나 최소한의 삶을 누릴 수 있는 경기도를 만들기 위해 노력해 왔습니다.

100억 원 미만 공공건설 표준시장 단가제 도입, 페이퍼 컴퍼니 입찰 담합 단속, 건설공사 원가공개 확대로 건설현장의 부조리를 바로잡고, 체납자 실태조사 강화로 상습 체납자에게는 철퇴를 내리고 생활 형편이 어려운 도민은 복지와 배려로 보듬으며 조세정의를 실현했습니다.

공동체를 위한 중첩 규제로 지금껏 특별한 희생을 치러온 경기 북동부지역에 합당한 보상을 위해 투자를 강화하고, 공공기관 이전을 추진해 균형 발전을 도모했습니다. 99.7% 자발적 동의로 완료한 도내 불법 계곡 하천 정비 사업으로 청정 계곡을 도민의 품으로 돌려 드렸습니다.

지역화폐를 확대해 우리 경제의 모세혈관인 골목상권을 살리기 위해 힘써 왔고, 3차에 걸친 전 도민 재난기본소득 지급으로 코로나19 경제 한파를 극복하기 위해 노력했습니다. 경기도 배달특

급으로 플랫폼 사업자의 독과점 횡포에 시달리던 도내 소상공인과 도민은 물론 배달 플랫폼 노동자가 상생하는 길을 만들었습니다. 비정규직 공정 수당과 취약노동자 병가소득손실 보상제를 도입하고, 청소·경비·배달 노동자 휴게시설을 개선하는 등 노동 존중 사회를 만드는 데 앞장섰습니다.

부동산 투기를 막기 위한 노력도 기울였습니다. 서민들을 울리는 기획부동산 불법행위 단속, 부동산 투기 방지를 위해 외국인과 법인 대상 토지거래허가제 시행 등이 그것입니다. 또한 공공개발이익 도민환원제 시행으로 공공의 개발이익을 투명하게 적립 운용하고, 도민 삶의 질 향상에 효율적으로 사용할 수 있도록 했습니다. 도민의 경제적 기본권을 확대하고 누구나 최소한의 인간다운 삶을 누릴 수 있도록 기본소득, 기본주택, 기본금융 도입에도 심혈을 기울였습니다.

코로나19로 인한 경제적 어려움으로 취약계층이 생계형 범죄에 내몰리지 않도록 '먹거리 그냥드림코너'를 운영했고, 꿈을 위해 땀 흘리는 청년들이 좌절하지 않고 도전할 수 있도록 청년기본소득과 청년면접수당을 지급했습니다.

공공산후조리원과 산후조리비 지원으로 출생에 대한 공공의 책임을 강화했고, 어린이 건강과일 공급, 초등학생 치과주치의 사업, 친환경 학교급식, 무상교복, 여성 청소년 위생용품 지원 사업으로 미래 세대가 건강하게 자라날 수 있도록 살폈습니다.

경기도의 정책은 대한민국의 표준이 되었습니다. 수술실 CCTV 설치, 청소·경비노동자를 위한 휴게실 설치는 법제화되었고, 지역화폐를 비롯한 다양한 경기도의 정책들이 전국으로 확산되고 있습니다. 이밖에도 많은 성과가 있었지만 도민 한 분 한 분이 각자 사는 시·군을 넘어 경기도민이라는 소속감을 갖게 된 것이 저로서는 무척 소중한 성과이자 큰 자부심입니다.

서울외곽 순환고속도로라는 이름을 수도권 순환고속도로로 바꾼 것은 경기도가 더 이상 서울의 변방, 외곽이 아니라 당당한 대한민국의 중심이라는 것을 선포하는 작지만 상징적인 조치였습니다. 경기도민이어서 자랑스럽다는 도민들을 보며 일꾼인 경기도지사로서 형언할 수 없는 보람을 느낍니다.

돌아보면 지난 3년 여의 시간은 숱한 위기의 연속이었습니다. 고비마다 도민 여러분의 따뜻한 격려와 성원이 있었기에 힘을 낼 수 있었습니다. 코로나19 위기 앞에 나보다 이웃을 생각하는 도민 여러분의 모습에서, 계곡 하천 정비 사업을 진행하며 우격다짐이 아닌 대화로 문제를 해결하는 모습에서, 도민의 높은 공동체 의식과 함께 사는 세상의 꿈을 볼 수 있었습니다.

광역단체장 평가에서 경기도지사가 1위를 한 것도, 이렇게 장기간 1위를 유지한 것도 모두 경기도민 여러분의 사랑 덕분입니다. 도민 여러분의 큰 사랑에 다시 한 번 감사드립니다.

　경기도 공직자 여러분!

　유능하고 헌신적인 경기도 공직자 여러분의 노고 덕분에 경기도가 이만큼 성과를 낼 수 있었습니다. 장기간 이어진 재판에도 도내 모든 공직자께서 흔들림 없이 책임을 다해 주셨습니다.

　일이 너무 많아 고되고 어려운 순간도 많았을 텐데 공직자들의 고난이 1,380만 도민의 행복과 이어진다는 마음으로 지금껏 동행해 주신 점 진심으로 감사드립니다. 앞으로도 도민의 삶을 최우선으로 두는 공직자로서의 본분에 충실해 주시길 당부 드립니다.

　존경하는 경기도민 여러분!

　저에게 있어 공직은 권세가 아니라 책임입니다. 경기도의 주인이시며 주권자이신 1,380만 도민께 드린 약속과 공직자로서의 책임을 다 하기 위해 오늘까지 최선을 다했습니다.

　이제 저는 도민 여러분들께서 보여주신 민주주의와 공동체에 대한 애정, 집단지성의 힘을 믿고 경기도지사직에서 물러나 20대 대통령 선거 더불어민주당 후보로 나서고자 합니다.

　1,380만 경기도민의 삶을 책임지는 자리에서 5,000만 국민의 삶

을 책임지는 나라의 대표 일꾼이 되고자 합니다. 한없이 무거운 책임감에 어깨가 무겁지만 주어진 소명을 다하겠다는 약속드립니다.

경기도가 대한민국의 표준이 된 것처럼, 대한민국을 세계의 표준으로 만들겠습니다. 대한민국이 부러워하는 경기도를 만들었던 것처럼, 대전환의 위기를 대도약의 기회로 삼아 전 세계가 부러워하는 선도국가 대한민국을 만들겠습니다.

경기도지사로 지내는 동안 도민 여러분께 받은 크나큰 은혜, 새로운 대한민국, 공정한 나라로 반드시 보답하겠습니다. 지금까지 그랬던 것처럼 앞으로도 지켜봐 주시고 응원해 주시면 고맙겠습니다.

이재명은 했습니다. 이재명은 합니다. 감사합니다.

2021년 10월 25일 경기도지사 이 재 명

한 가지를 꼭 해야 한다면

"내가 죽기 전에 이 세상에서 한 가지 꼭 해야 한다면 무엇을 해야 할까?" 이재명은 가끔 그런 생각을 한다. 소년공으로 힘든 노동을 해 봤고, 변호사로 활동했고, 작은 도시의 시장을 거쳐 한반도의 중심으로 서울을 둘러싼 경기도지사도 지냈다. 그리고 마침내 대한민국을 다스려보고 싶어서 대통령 꿈을 꾸면서 여당의 대통령 후보로 선출되어 대선가도를 달리고 있다.

하지만 대통령은 하늘이 내리고 국민이 선택하는 것이라 하고 싶다고, 되고 싶다고 되는 것은 아니다. "이재명은 합니다!"를 슬로건으로 달려온 사람, 대통령이 되어 대한민국을 개혁하겠다는 그가 이 세상에서 한 가지만 꼭 해야 한다면, "광화문에 도서관을 짓고 싶다"고 했다.

그리하여 책 없는 아이들도, 한글을 모르는 외국인도, 지혜가 배고픈 사람이라면 누구나 찾아와서 지혜를 쌓는 도서관을 지어, 광화문광장 전체가 지혜의 광장으로 출렁거리는 거처가 되게 하고 싶다고 했다.

참으로 생뚱맞은 발상과도 같다. 그런 구상을 《이재명의 굽은 팔》에서 이미 밝혔다. 그 안에 굽은 세상을 펴는 이재명의 삶과 청사진이 담겨 있다. 그가 "광화문에 도서관을 짓고 싶다"는 욕망은 어떤 것일까? 상상의 도서관 속에는 나라와 민족의 미래가 고운 빛 밝은 빛으로 가득 차 있다. 그는 이렇게 말했다.

"기둥이 24개, 문도 24개인 도서관, 하루 24시간이나 1년 24절기를 뜻하면서 한글의 자모 스물네 글자를 상징하는 도서관을 짓고 싶다. 동쪽과 남쪽으로는 닿소리 14개 글자를 나란히 세우고, 서쪽과 북쪽으로는 홀소리 10개 글자를 본떠서 열 개의 문과 기둥을 세워서 세계 어느 나라에도 없는 한글 도서관을 만들고 싶다. 그리하여 하루 24시간을 따라가며 아름다운 빛깔이 스며들어 그 빛깔만 보아도 시간의 흐름을 알고 계절의 변화를 느끼며 세상의 이치를 알게 하는 그런 도서관을 우뚝 세우고 싶다. 지금 광화문 광장 한 가운데는 세종대왕 동상이 우뚝 서 있고, 그 아래 지하에 는 여러 개의 전시실이 있다.

하지만 그것만으로는 세종대왕의 나라 사랑과 겨레 일깨움의 크고 깊은 뜻을 제대로 배우고 이어가는 데 부족함이 있다. 한글의 깊고 그윽한 향기를 제대로 느끼고 과학적인 한글의 소리를 제대로 들어 펴기에도 부족하다. 만일에 세종대왕이 우리 글 한글을 창제하지 않았다면 우리는 지금 어떤 글자를 쓰고 있을까 하는 생각을 한다.

우리는 세종 나라에서 한글로 문화 예술을 가꾸고 빛내며 살고 있다. 그 기쁨을 더 크게, 더 넓게 펴는 지혜를 갈고 닦아서 세상의 중심, 세계의 중심으로 대한민국을 발전시키고 싶다. 그런 바탕이 될 도서관을 광화문에 짓고 싶은 것이다. 이 도서관을 누구나 자유롭게 드나들어서 지혜롭고 평화롭고 행복한 삶을 누리고, 모두가 건강한 삶을 누리도록 하고 싶다.

한글로 지혜와 슬기를 차곡차곡 쌓고, 외국어로 된 모든 지식이 이곳으로 걸어오게 하고, 문자가 아닌 것들도 이름을 얻게 하며 사진과 영상으로 된 기록물을 집합하여 촉각과 후각을 위한 감각 도서관으로 만들고 싶다. 그래서 광화문 도서관에서는 눈이 없는 사람도 책을 볼 수 있고, 귀가 없는 사람도 소리를 들을 수 있게 하여 새로운 세계를 건설하는 꿈을 이룩하고 싶다. 그게 내가 이 세상에서 한 가지 꼭 하고 싶은 욕망이다. 미래를 밝혀줄 광화문 도서관을 생각하면 내 가슴이 뛴다."

그는 이 세상을 하직하기 전에 꼭 한 가지만을 해야 한다고 굳게 다짐했다.

"날마다 연극이 무대에 오르고 아름다운 노래가 흐르며 문학과 관련된 영화를 볼 수 있는, 하루라도 꿈이 쉬지 않는 지혜의 광장을 만들겠다. 세상의 진귀한 지혜들이 모두 이 곳으로 스며들어 꽃피우고 퍼져 나갈 수 있게 하는 영광스러운 도서관, 대한민국의 미래가 여기서 태어나 날개를 펴도록 가꾸고야 말겠다.

가난하다고 해서 꿈도 가난하겠는가.

신발이 닳았다고 길도 모르겠는가.

팔이 굽었다고 희망을 붙잡지 못하겠는가.

눈이 멀었다고 그리움을 몰라보겠는가.

피부 빛이 다르다고 노래를 모르겠는가.

나는 이들과 함께 광화문에 서고자 한다.

민주주의의 전당과 함께 문화의 주권, 지혜의 주권을 일으켜 세우는 전당을 건립하고 싶다."

그가 《이재명의 굽은 팔》에서 약속한 결의이자 소망이다.

그는 불광불급(不狂不及)이라는 말을 좋아한다. '미치지 않으면 이르지 못한다'는 뜻이다. 미쳐야 미친다고 한다. "미쳐라, 즐겨라, 신난다"라는 말이 모두 같은 의미라고 생각한다. 우리 민족은 원래 신나게 즐기고 미치도록 열심히 살아가는 민족이다.

과거를 죽은 역사로 생각하지 않는다. 과거는 여전히 살아 움직이면서 현재의 우리들에게 끊임없이 질문을 던져 준다. 그런 질문에 답을 하면서 대화를 하고 그 해답을 통해 우리는 당면한 문제의 열쇠를 찾을 수 있고 나아가 미래를 바라볼 수 있는 지혜를 얻는다.

밤하늘의 별빛도 사실은 10만 광년 전의 것들이다. 그 별빛이 10만 광년 전의 빛이라면 우주에서 지구로 오기까지 그만큼 오랜 시간이 흘렀다는 것이지만, 우리는 그렇게 느끼지 않고 지금 한순간에 내려오는 것으로 느낀다. 그는 말했다.

"나는 산골에서 태어나 자란 덕에 자연을 그림책으로 생각한다. 자연은 나에게 최고의 학교이자 가장 위대한 책이며 멋진 놀이터이다. 내가 '자연으로 돌아가라'는 루소의 《에밀》을 처음 접한 것은 어린 시절이 아니라 한참 뒤의 일이다. '자연은 공정하다' 이 말은 내가 자연 속에서 배운 가장 큰 교훈이자 진리이다. 산과 들에서 자라는 온갖 풀과 나무들은 제각각 주어진 환경 속에서 생존 경쟁을 한다. 모두가 자연의 법칙이라는 공정한 룰을 지키며 땅에 뿌리를 박고 물과 공기를 빨아들이면서 성장한다.

땅을 바탕으로 삼고 하늘을 지붕으로 삼고 하늘을 향해 이상을 꿈꾸면서 살아간다는 점에서 인간과 동식물은 모두 서로 닮았다. 하지만 인간들은 동식물과 달라 욕망과 이상을 멈출 줄 모른다는 것이 특징이다.

훌륭한 의사를 명의라고 일컫는다. 명의는 사람의 몸 전체를 관류하는 피의 흐름을 먼저 살펴보고 막힌 곳, 멍든 곳, 상처 난 곳을 찾아낸다. 환자가 어깨가 쑤시고 아프다고 해서 어깨에만 주사를 놓아주지 않는다. 통증이 시작된 곳을 찾아내어 뿌리부터 치료하여 완치하도록 해준다. 정치도 이와 다름이 없다. 전체 구도를 제대로 파악해야 통합과 발전을 이루어낼 수 있다. 그게 진정한 통치자의 리더십이다.

우리의 재산은 진실이다. 따라서 진실은 반드시 승리한다. 이는 모두의 신념이며 소망이다. 자전거로 통학하는 시골 학생들은 페달을 계속 밟는다. 넘어지지 않고 멈추지 않으려고 그런다. 좌절하지 않으려고 노력할 때 생동감이 넘친다."

　멈춤이 없는 불도저 이재명의 신화는 언제까지 이어지고, 어디까지 미칠 것인가? 모두가 큰 관심을 가지고 지켜보고 있다.

이재명 어록

- 나의 꿈이 곧 여러분의 꿈이다.

- 희망은 절망 끝에서 움직인다.

- 알을 깨고 나의 하늘을 보자.

- 말보다 생각을 소통하라.

- 사람 속에서 길을 찾자.

- 세상을 바꾸려면 손가락부터 움직여라.

- 역사적 변화는 변방에서 시작된다.

- 희망은 희망밖에 없는 자의 편이다.

- 그래, 공부를 하자, 죽을 각오로 해보자.

- 시련은 희망의 시금석이다.

- 나는 아버지처럼 살지 않겠다.

- 거짓말보다 바른말이 편하다.

- 재산은 진실이며, 진실은 반드시 승리한다.

- 순응해야 할 대상은 권력이 아니라 국민이다.

- 닫히면 막히고 막히면 썩는다.

- 아이디어는 사람에게서 나온다.

- 위기는 가장 가까운 곳에서 시작된다.

- 모든 작용에는 반드시 반작용이 있다.
- 내 평생의 슬로건은 민생 변호다.
- 인간보다 정확한 노선은 없다.
- 무엇을 시작하든 끝장을 봐라.
- 약속을 잘 하는 사람이 되지 말고 약속을 지키는 사람이 되어라.

이재명의 인생 스토리

- 1963년 12월, 경북 안동군 예안면 화전민 마을에서 태어났다. 봉화군 재산면, 안동군 예안면이 만나는 꼭지점, 청량산 자락 지통마을이다. 아버지 이경희와 어머니 구호명의 5남 4녀 가운데 일곱째로 태어났다. 누나 둘이 일찍 세상을 떠나 다섯째로 자랐다.

  생가는 슬레이트 지붕 벽돌집인데 한겨울엔 방안의 물이 얼고, 창문엔 성에가 하얗게 끼었다.

- 1967년 귓병을 심하게 앓았다. 나의 고향 지통마을은 산골 화전민 마을이라 버스가 들어오지 않아 아버지를 따라 산길을 걸어 내려와 개머리에서 버스를 타고 영양읍으로 가서 치료를 받았다.

- 1968년, 나의 출생일을 잊은 어머니가 점바지(점쟁이)에게 물어 음력 10월 23일(양력 12월 22일)을 내 출생일로 호적에 올렸다. 이때 점바지가 "이 아들을 잘 키우면 호강하리오"라고 한 말을 어머니는 희망으로 삼고 주문처럼 외우며 나를 키웠다.

- 1970년, 삼계초등학교에 들어갔다. 등굣길은 산줄기 돌아가고 냇물을 건너가는 무려 5km, 날마다 걸어 다녔다. 크레파스 도화지는 구경도 못해 미술시간만 되면 담임선생님에게 야단을 맞았다. 선생님이 무섭고 학교가 싫어졌다. 1학년 때 80일을 결석했다.

- 1972년, 아버지는 온 집안 식구들이 일궈 놓은 밭을 남에게 넘겨버리고 서울로 돈 벌러 간다며 혼자 고향을 떠났다. 늘 배가 고팠지만 책 읽기를 무척 좋아했는데, 읽을 만한 책도 드물었다.

- 1973년, 시험지에서 내 이름을 지우고 나보다 성적이 떨어지는 친구의 이름을 써 주었다. 초등학교를 졸업해도 중학교에 갈 형편이 못되는 어려운 가정형편 탓이다. 우리 형제자매 중 큰형과 셋째 형을 제외하고 모두가 초등학교 중퇴자들이다.

- 1974년, 학교 매점에서 일한 턱에 경주 불국사 석굴암을 구경하는 수학여행을 다녀올 수 있었다. 이때 처음으로 얼음과자

를 먹어본 나는 여름에도 얼음이 얼 수 있다는 데 놀랐다. 그해 겨울 논바닥에 헬리콥터가 내려앉았다. 꿈같은 현실에 새로운 눈을 뜨게 되었다.

- 1975년, 학교 도서실에서 어린이 권장도서를 읽었다. 너무 재미있고 신기해서 집으로 가져와 읽고 또 읽었다.

- 1976년, 꽃다발도 없는 초등학교 졸업식을 마치고, 맨손으로 고향을 떠나 경기도 성남 상대동 언덕배기 방 한 칸짜리 셋방으로 이사했다. 연탄아궁이도, 수돗물도, 공중화장실도 모두 신기했다. 가끔 주인집 TV도 보았다. 집 뒤에 간판도 없는 목걸이 공장에서 일을 했다. 소년 소녀 4~5명이 일하는데 내가 제일 어렸다. 납과 염산 냄새를 맡으면서 일하는데 한 달 월급이 1,000원이었다. 얼마 뒤에 월급 3,000원을 받기로 하고 두 번째 공장으로 옮겼다. 반지하 목걸이 공장이다. 점심은 도시락으로 먹고 저녁은 집에 와서 먹었다. 야근은 해도 저녁을 주지 않았다. 석 달 뒤에 사장이 어디론가 도망치고 월급은 한 푼도 못 받았다.

그해 9월, 다른 사람 이름으로 들어간 동마고무 공장에서 전기모터에 손가락이 말려들어가 손가락이 으스러지고 고무가루가 스며들었다. 철야 야근을 할 때 주는 라면이 귀한 음식이라 먹지 않고 집으로 가져왔다. 새벽 2시에 야근이 끝나면 창고바닥에서 쪼그리고 잠을 자다가 통금이 풀리는 4시에 집으로 갔다. 그때 배운 노래가 하남석의 '밤에 떠난 여인'이다.

- 1977년, 네 번째로 들어간 공장은 아주냉동인데, 함석판을 다루는 곳이었다. 여기서는 손가락이 잘리는 사고가 많았다. 나도 함석에 찢긴 상처 자국이 100군데나 남아 있다. 선임 노동자들은 군기를 잡는다고 출퇴근 때나 휴식 시간에 수시로 때렸다. 공장도 군사 문화가 지배했다.

그 시절, 공장 밖으로 오가는 학생들을 보면서 나도 교복을 입고 학교 다니고 싶었다.

야구 글러브를 만드는 대양실업으로 옮겨 일하다가 프레스에 손목 관절이 으깨지면서 골절되는 사고를 당했다. 16세가 되자 관절로 성장판이 깨지면서 손목이 뒤틀리기 시작했다. 그 뒤 부모님을 모시고 인천 연안부두로 효도 관광을 갔다. 이때 바다를 처음 보았고 바닷물이 짜다는 것도 알았다. 그 순간 과학적 명제에 승복하면서 내 가슴이 뛰었다.

- 1978년, 중학교 문턱에 못 가본 내가 4월에 고입 검정고시학원에 등록하고 8월에 합격했다. 공장이 망한 탓에 내 생애 처음으로 집에서 얼마 동안 쉬었다.

- 1979년, 오리엔트 시계공장에 들어갔다. 공부를 하기 위해서 일하는 락카실을 자원했다.

- 1980년, 4월에 대입 검정고시에 합격했다. 고졸 자격을 얻으면 공장관리자가 될 수 있으려니 하는 기대와는 달리 락카실에서 아세톤과 석면, 벤졸 냄새를 마시면서 후각이 무뎌졌다. 55% 이상의 후각 기능을 잃어버렸다. 이로써 내가 가장 좋아하는 복숭아 냄새도 맡지 못한다.

  광주 민주항쟁 소식을 들었다. 성일학원에서 검정고시 준비를 할 때 김창구 원장을 만난 것이 내 인생을 바꾸는 계기가 되었다. 학원비가 없는 나에게 무료로 수강하게 해 주셨고, 열심히 공부하라고 격려한 분이다. 훗날 사법고시에 합격하고 찾아뵈었는데 나를 부둥켜안고 눈물을 흘리셨다. 스승의 품은 따뜻했다.

  열 번이 넘는 이사를 다닌 끝에 온 가족이 청소부, 노동자, 화장실 지킴이 등으로 번 돈을 모아 작은 마당이 있는 집을 마련하여 더는 이사를 다니지 않게 되었다.

- 1981년, 학력고사 제도가 생기면서 대학 진학의 길이 열릴 것 같아 서울의 입시학원과 성남의 독서실을 오가며 주경야독했다. 성적은 전국 수험생 65만 명 중 20만 등 정도였다. 그해 7

월, 드디어 공장을 그만두었다. 5년 6개월의 소년공 생활이 끝난 날, 햇볕이 뜨거웠다.

책상에 압정을 뿌려 놓고 공부하기, 가시 달린 아카시아나무 매질 등을 하며 공부했지만 소용이 없었다. 공부도 노동과 마찬가지로 숙련기가 필요하다. 학력고사 성적이 전국 2,000등에 이르렀다.

- 1982년, 20세 때 중앙대학교 법과대학에 들어갔다. 그렇게도 입고 싶어 한 교복을 입고 다녔다. 등록금 면제에 다달이 생활비도 보조받았다. 광주항쟁의 진실도 알게 되었다. 권력과 언론에 속은 내가 수치스럽게 여겨져서 광주를 욕해 온 나 자신을 용서할 수가 없었다. 친구 두 명과 함께 강원도 양구-인제 산길을 밤중에 넘는 보도 여행, 자전거 여행을 했다. 두려움이 사라졌다.

- 1983년, 조정래의 《태백산맥》을 거듭해서 읽었다. 《태백산맥》과 광주항쟁은 나를 바꿔놓았다.

- 1985년, 대학 4년 동안 고무신, 교복, 교련복, 낡은 바바리코트만 입고 다녔다. 내성적인 성격을 고치고자 했고, 수배, 구속, 투옥되는 친구들에게 미안함을 금할 수 없었다.

- 1984년, 사법고시 18기에 합격했다. 아버지가 별세했다.

- 1987년, 사법시험연수원에서 동기생 몇몇과 공부 모임을 하면서 판검사가 아니라 지역에서 변호사 활동을 하기로 결의했다. 연수원 시절 "변호사는 굶지 않는다"라는 믿음을 준 노무현 변호사의 강연도 한몫했다. 어머니에게 판사를 할 수 있을 정도로 좋은 성적이었다고 말한 건 아주 나중의 일이다.
- 1990년, 성남에 변호사 사무실을 열었다. 경기도 광주시와 이천시 노동상담소 소장과 민주사회를 위한 변호사 모임 활동을 했다. 노동 인권변호사로 시국선언 사건을 주로 맡았다.
- 1995년, 성남시민모임 창립 구성원으로 시민운동을 시작, 수도권 남부주유소 공동대책위원회 집행위원장으로 활동했다.
- 2000년, 분당 백궁정자지구 용도 변경 특혜 의혹을 제기하고, 기득권층과 힘겨운 싸움을 3년간 했다. 정치 권력, 언론, 돈, 조직과 싸워야 하는 시민의 유일한 무기는 유인물뿐이라는 걸 깨달았다.
- 2002년, 분당 파크뷰 특혜 분양 사건을 추적하고 폭로하는 과정에서 인터뷰할 때 방송국 PD가 검사를 사칭하며 성남시장과 통화하고 녹화하는 것을 말리지 않았다는 이유로 검찰에 구속되었다. 이 사건으로 전과자가 되었으나 공공의 이익을 대변했다는 찬사를 받았다. 성남시립병원 설립추진위원회 공

동대표로 활동했다.

- 2004년, 한나라당이 다수인 성남시의회가 시민 1만 8,595명이 만든 주민조례를 47초 만에 부결하자 시민대표로 항의하다가 공무집행방해와 회의장 점거라는 죄목으로 체포하려고 하자 도피하여 수배를 당했다. 피신처인 성남주민교회 지하 기도실에서 정치인이 되기로 결심했다.

- 2006년, 성남시장 선거에 출마했으니 낙선되었다. 정치권 도전의 첫 패배였다.

- 2008년, 국회의원에 도전했다가 실패했다.

- 2010년, 민선 5기 성남시장에 출마하여 당선되자마자 지방정부 최초로 모라토리엄을 선언했다. 부채 청산 운동인데, 3년 만에 4,572억 원의 빚을 갚고 복지예산을 2,000억 원 가까이 늘렸다. 시장 위임과 동시에 전임 시장이 신축한 시청사가 호화 건물이라는 비난에서 탈피하기 위해 시장실을 2층으로 옮기고 초등학교 교실 4개 면적에 이르는 시장실을 북카페와 아이사랑 놀이터로 개방했다.

- 2011년, 한국 메니페스토실천본부 선정 공약 이행 종합평가에서 최고 등급을 받았다. 5년 연속 선정되었다. 그 비결은 헛된 공약을 하지 않고 지킬 수 있는 공약만 하고 성실히 진

행한 결과다.

- 2013년, 성남시의료원 건립의 첫 삽을 떴다. 대한민국 공공의료원에 대한 희망의 모델이 되었다.

- 2014년, 성남형 교육 지원 사업을 시작했다. 아이사랑 놀이터, 장난감 대여, 어린이집 만들기 등을 전개했다. 성남 일화축구단을 인수하여 성남 FC 시민구단으로 만들었다. PA컵 우승과 함께, 시민구단 최초로 아시아챔피언리그 16강에 올랐다.
6기 성남시장으로 재선되었다.

- 2015년, 청소업체 특혜 협의로 서울지검에 출석했다. "사회적기업에 일자리를 준 이재명이 종북이라면 그 기업에 지원금을 준 박근혜는 고정간첩"이라고 일갈하여, 이재명에 대한 종북몰이가 대부분 사라졌다.
미국 방문 길에 안창호 선생 장녀 안수산 여사를 방문하고 감사패를 전달했다. 전국 최초로 세금 납세실태조사반을 만들었다. 안전 분야의 핵심 공약인 시민순찰대를 발족시켰다. 전국 최초로 동네 서점 협동조합인 성남서점협동조합을 만들었다.

- 2016년, 미인가 대안학교에도 무상급식을 시작했다. 청년 배당금을 지역상품권으로 주는 제도를 시행했다. 기본 소득 논의의 시발이 되었다. 중학생 대상 무상 교복 지원을 시작했

다. 미국을 방문하여 맨스필드재단 자누지 대표와 한반도 평화에 대한 의견을 교환했다.

성남시 남북교류위원회를 출범시켰다. 지방자치 자체를 무력화하는 중앙정부에 맞서 광화문 광장에서 11일간 단식농성을 했다. 10월 29일 청계천 광장 집회에 참석하여 정치인 최초로 박근혜 대통령 하야를 주장했다.

- 2018년, 민선 7기 경기도지사에 당선되었다.
- 2021년, 차기 제20대 대통령 선거 출마를 선언했다.
- 2021년, 제20대 대통령 선거(2022년 3월 9일 실시)에 열린민주당 후보로 선출되었다.

진흙에서 피는 연꽃

이재명 리더십

초판 1쇄 인쇄   2021년 12월 14일
초판 1쇄 발행   2021년 12월 21일

지은이 | 박정태·유한준
펴낸이 | 박정태
편집이사 | 이명수   감수교정 | 정하경
편집부 | 김동서, 위가연, 전상은
마케팅 | 박명준   온라인마케팅 | 박용대
경영지원 | 최윤숙

펴낸곳   BOOK★STAR
출판등록   2006. 9. 8. 제 313-2006-000198 호
주소   파주시 파주출판문화도시 광인사길 161 광문각 B/D 4F
전화   031)955-8787
팩스   031)955-3730
E-mail   kwangmk7@hanmail.net
홈페이지   www.kwangmoonkag.co.kr

ISBN   979-11-88768-48-6 44040
가격   15,000원